中学校数学サポートBOOKS

藤原大樹 著

新内容，新教材，新展開，ICT活用を含む
15単元35時間の豊富な実践例

「単元を貫く数学的活動」でつくる

# 中学校数学の新授業プラン

明治図書

# はじめに

　数学的に考える資質・能力を育成するために，数学的活動を通して生徒が学ぶことが大切です。しかし，中学校現場では，数学的活動を重視した授業をしようと思っても，「時間がなかなか確保できない」「いつどのように実施すればよいかわからない」など，学習指導の悩みは尽きません。

　そこで本書では，効果的・効率的に学習指導を進めていくため，生徒に経験させたい数学的活動のつながりを意識して単元を設計して指導する方策として，「単元を貫く数学的活動」を軸に単元モデルと授業プランを提案します。

　本書ではまず，各単元の目標を意識し，各単元で学習する内容の本質に生徒が迫るための「単元の問い」を設定しました。そのうえで，単元の中に「小単元の問い」を，小単元の中に「授業の問い」を，入れ子状に設けました。生徒の問いをもとに探究的な学習を円滑に進められるように，伝統的な展開を大幅に組み替えた単元もあります。

　また，各単元を「出会う」「深める」「使う」という小単元に分け，それぞれに「小単元の問い」と「授業の問い」を位置付けました。さらに，領域固有の視点と領域横断の視点とで類型化した数学的活動を，1つの単元の中に複数位置付けました。このように，様々なつながりを意識して単元の中に位置付けた複数の数学的活動を，本書ではまとめて「単元を貫く数学的活動」と呼ぶこととし，具体的な授業例を可能な限りたくさん掲載しました。

　本書に掲載したこれらの授業例は，問題発見・解決の過程，学習の見通しと振り返り，観察や操作・実験などの具体的な体験，学びのユニバーサルデザイン，ICTの活用を意識しています。各授業を想像していただきやすいように，授業例には発問や板書，生徒の記述，PC画面などを多く載せました。授業例で取り上げた教材は，教科書に載っている伝統的なものや全国学力・学習状況調査の問題をアレンジしたり，真新しいと感じられる教材を用いたりしています。紙面の都合上すべての単元モデルは掲載できませんでしたが，統計教育の重要性が急速に増していることに配慮し，「Dデータの活用」領域はすべての単元モデルを掲載しました。

　検討が不十分な点をまだ多く含みますが，筆者のこれまでの実践研究を振り返り，執筆させていただきました。生徒一人ひとりに数学的に考える資質・能力をはぐくむため，本書を先生方の授業設計やカリキュラム・マネジメントの一助としていただけたら幸いです。

　最後になりましたが，数学教育学研究の基礎や数学科教師のあるべき姿について，現在もご指導くださっている横浜国立大学名誉教授の橋本吉彦先生，同大学教授の池田敏和先生には，心から感謝申し上げます。また，これまで筆者の授業を何度も参観いただき，単元設計や授業設計について，多くのご示唆をくださっている国立教育政策研究所教科調査官の水谷尚人先生には，深く御礼申し上げます。

平成30年6月22日　　　藤原　大樹

# Contents

はじめに……p.3

## 第1章

# 生徒が探究的に学ぶ
# 単元設計のポイント

1 なぜ生徒は数学を学ぶのか……p.8

2 生徒にどうなって欲しいのか／生徒はどうなりたいのか……p.15

3 単元をどのようにつくっていけばよいのか……p.18

4 生徒は単元でどのように学んでいけばよいのか……p.22

## 第2章

# 「単元を貫く数学的活動」でつくる
# 新授業プラン

### 1年 正負の数 (全27時)

**p.30**

負の数を含めても小学校と同様に計算できる？

| 授業1 (第11時) | 授業2 (第15時) | 授業3 (第25時) |
|---|---|---|
| すごろくゲーム（減法）……p.34 | 乗法の計算の仕方……p.36 | 累乗（発展）……p.38 |

### 1年 文字式と一次方程式 (全35時)

**p.40**

未知の値を含めた数量の関係を式で表したり，
数量の関係の条件から未知の値を効率的に求めたりするにはどうすればよいか？

| 授業1 (第1時) | 授業2 (第5時) | 授業3 (第19時) |
|---|---|---|
| つまようじの本数（1）……p.44 | つまようじの本数（2）……p.46 | つまようじの本数（3）……p.48 |

### 1年　比例・反比例（全21時）

**p.50**

## ２つの変数の関係から未知の値は予測できる？

授業1（第13時）
反比例の特徴……p.54

授業2（第18時）
ランドルト環……p.56

授業3（第20時）
初期微動継続時間と震源距離……p.58

---

### 1年　空間図形（全17時）

**p.60**

## ３次元の世界でも２次元の世界と同じ性質が成り立つ？

授業1（第4時）
正四角錐の模型づくり……p.64

授業2（第17時）
三角帽子（課題学習）……p.66

---

### 1年　データの分布と確率（全15時）

**p.68**

## どうすればデータの傾向を読み取り意思決定できる？

授業1（第6・7時）
Ruler Catch……p.72

授業2（第10時）
病院の待ち時間……p.74

---

### 2年　文字式（全17時）

**p.76**

## 文字の種類や個数が増えても１年のときと同様に計算できる？

授業1（第1時）
２つの円柱（回転体）……p.80

授業2（第8時）
３つの連続する整数の和……p.82

---

### 2年　連立方程式（全16時）

**p.84**

## ２種類の未知数を含む方程式はどうすれば解ける？

授業1（第1時）
佐々立て……p.88

授業2（第13時）
大人と子供の料金差……p.90

---

### 2年　一次関数（全17時）

**p.92**

## 比例に似た２つの変数の関係から未知の値は予測できる？

授業1（第9～11時）
グラフアート……p.96

授業2（第17時）
富士登山……p.98

---

### 2年　平行と合同（全15時）

**p.100**

## 既知の図形の性質はどうすれば体系化できる？

授業1（第2時）
三角形の内角の和……p.104

授業2（第8時）
星型図形の先端の角の和……p.106

授業3（第11時）
三角形の合同条件……p.108

5

## 2年　データの分布と確率 （全18時）　　p.110

### 多くの集団の傾向はどうすれば比較しやすい？

授業1（第5～7時）
相手投手の攻略……p.114

授業2（第16時）
ジャンケンさいころ……p.116

## 3年　多項式 （全19時）　　p.118

### 数や図形の性質を証明するためにどんな式変形が必要？

授業1（第1時）
円周と円周の和の関係……p.122

授業2（第15時）
連続する整数の平方の差……p.124

授業3（第18・19時）
道路の面積……p.126

## 3年　平方根 （全17時）　　p.128

### 2乗する前の数はこれまでと同様に計算できる？

授業1（第2・3時）
正の平方根の乗法……p.132

授業2（第17時）
Ｂ判の秘密……p.134

## 3年　二次方程式 （全16時）　　p.136

### 2乗のつく方程式はどうすれば解ける？

授業1（第2・3時）
二次方程式の解き方……p.140

授業2（第15・16時）
サッカーの試合数……p.142

## 3年　相似な図形 （全21時）　　p.144

### 形が同じ2つの図形ではどのような性質が成り立つ？

授業1（第7時）
相似の証明……p.148

授業2（第21時）
校舎の高さ……p.150

## 3年　標本調査 （全10時）　　p.152

### 一部のデータから全体の傾向を読み取るにはどうすればよい？

授業1（第5時）
標本の大きさと標本平均のばらつき……p.156

授業2（第8時）
鹿の個体数……p.158

# 第1章

## 生徒が探究的に学ぶ
## 単元設計のポイント

# 1

## なぜ生徒は数学を学ぶのか

### 単元を構想することの目的

　生徒は中学校3年間の数学科の授業を通して，様々な数学的な内容を学んでいく。これらはバラバラに学ぶのではなく，それぞれをできるだけ系統立て，関連づけ，数学的活動を通して学ぶことにより，深まっていく。そのために，学習内容のまとまりとして領域や単元がある。

　教科書では，単元は「章」，小単元は「節」などとして示されている。これらは学習指導要領をもとに，学問としての数学や学校数学についての知識や経験の豊かな執筆者と各社の編集部によって執筆，構成され，文部科学省の検定を受けてできている。これら教科書の「章」や「節」を読めば，「何を学ぶのか」について，我々教師は大方知ることができるだろう。そして，教科書の流れの通りに授業を進めることで，内容の抜け落ちのない指導はできることだろう。

　しかし，我々が日々ともに過ごす大切な生徒たちが，数学を学ぶ意義を感じながら単元の学習を進められるようにするためには，「なぜその単元を学ぶのか」といった学習の目的について教師が考えをもっているべきで，生徒がそれを実感しながら学ぶべきである。

　例えば，なぜ「相似な図形」単元を生徒は学習するのだろうか。教科書に載ってあるからだろうか。日常生活で将来使うからだろうか。昔の数学者が見つけたすばらしい定理が含まれるからだろうか。それとも，高校入試でよく出題されるからだろうか。この問いに何も考えないままに授業をしてしまえば，結果的に生徒は何のために「相似な図形」を学ぶのかわからないまま，授業を一方的に「受ける」ことになる。「もともと数学が好き」という生徒以外はモチベーションが上がらず，その場しのぎの学習となることにより，生徒一人ひとりに身につけさせたい資質・能力の向上はあまり期待できない。

　ここで，広島大学名誉教授中原忠男先生が陶冶的目的，実用的目的，文化的目的という視点で日本数学教育学会誌（中原，2000）の中で示した「算数・数学教育の目的」が筆者にはとても参考になる（表1）。

　ところで，単元を構想することとは，「どのような内容を」「どのような順で」「どれくらいの時間数ずつ」「配列するか」はもちろんのこと，「どのように学ぶか」である。つまり，どのような数学的活動を実現するかということである。さらには，「どのように評価するか」「評価した結果をどのように指導へ生かすか」についても検討が必要だろう。

　教科書の流れを踏まえて進める1時間の授業だけでも，**単元を学ぶ目的を強く意識している先生とそうでない先生とでは，数学的活動の質が変わる**。単元の単位では，大きな差となるだろう。単元の学習が終わるころ，生徒たちにどうなってほしいのか。言い換えるなら，生徒た

8

ちに何ができるようになってほしいのか。このことを明確にしたうえで，そのために必要な学び方，内容とその系統性，生徒の中に自然に生じるであろう問いの連続などについて検討していくことが必要である。

　さらに大切なのは，**教師が同じ学校の同僚とともに，学年や教科を越えて目の前の生徒たちをどう育てていきたいのかを議論し，自らのよさを活かしながら協働すること**である。そのために，それぞれの教師が受けもつ教育活動において，何を重点に，どのようなタイミングで，どのような指導を施すべきなのかを話し合い，構想を練って実行し，評価・改善していくことが求められている。これが数学科におけるカリキュラム・マネジメントで，学習指導要領では各学校にその具現化が求められている。授業の内容によっては，同じ学校，地域，研究仲間の教員と意見交換を繰り返しながら協働的につくっていくことが，今求められているのである。

**表1　算数・数学教育の目的（中原，2000）**

| |
|---|
| **A．　算数・数学教育の陶冶的目的** |
| A1．人格・価値観・態度などの育成 |
| A11．真理・正義を重んじる人間の育成 |
| A12．合理性・計画性を重んじる人間の育成 |
| A13．主体性・自主性を重んじる人間の育成 |
| **B．　算数・数学教育の実用的目的** |
| B1．日常生活に役立つ知識などを身につける。 |
| B2．職業に役立つ知識などを身につける。 |
| B3．より進んだ数学，他教科の理解に役立つ知識などを身につける。 |
| B4．試験に役立つ知識などを身につける。 |
| B5．コミュニケーションに役立つ知識などを身につける。 |
| **C．　算数・数学教育の文化的目的** |
| C1．算数・数学という文化を享受する。 |
| C2．算数・数学という文化を継承し，発展させる。 |
| C3．教養として算数・数学を身につける。 |

## 単元における本質的な問い

　改めて，生徒は単元をなぜ学ぶのか。それは，その単元の本質には学ぶべき価値があり，**その単元の学習で明らかにすべき「問い」が存在するから**である。生徒にとっての問いが存在しなければ，単元を学習する意味は生徒の中になくなってしまい，入試などに向けた単なる試練か，他教科や諸学問のための単なる道具でしかなくなる可能性がある。

　例えば，G.ウィキンズとJ.マクタイは，「逆向き設計」というカリキュラムづくりの考え方

の中で，上記の問いを「**本質的な問い**」と呼び，単元を通して探究すべきものとした。そして，この「本質的な問い」を設定することが，単元を構成するための第一手順であるとした。その本質的な問いは，各教師の考えや思いによって異なるものになる可能性がある（G.ウィギンズ・J.マクタイ，2012）。

G.ウィギンズらは，この「本質的な問い」を「包括的な問い」と「トピックごとの問い」に分けて捉えている。

・**包括的な問い**：単元全体を包括する漠然とした問い
・**トピックごとの問い**：単元の中に配置される個別的な問い

これらの問いの違いは，問いの対象の相対的な広さ（オープンさ）で，いくつかの「トピックごとの問い」を解決することにより，「包括的な問い」が解決することになる。

本書では，これらの**問い**を，時間数などの大まかなスパンによって単元，小単元，授業の3つを目安に捉え，単元の本質に迫る「**主たる問い**」として「**単元の問い**」「**小単元の問い**」「**授業の問い**」を設定することにする。図1のように，一連の「授業の問い」を解決することが「小単元の問い」を解決することにつながり，また，一連の「小単元の問い」を解決することが「単元の問い」を解決することにつながる。

単元の構成に当たっては，「授業の問い」や「小単元の問い」が生徒にとってできるだけ自然で連続的となるように位置付け，その一連の活動によって「単元の問い」に答えられるようにすることを目指したい。どの学習内容がなぜ生徒にとって必要なのか，どのような順序で配列すれば学習の必要性や必然性が感じられやすいのかについて，中学校数学科の専門家である授業者一人ひとりが改めて考えていく必要がある。

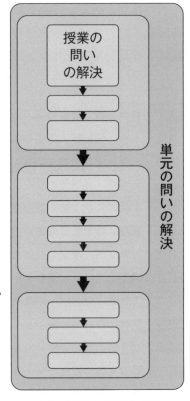

図1　各問いの解決と単元

具体的に考えてみたい。

例えば，1年「平面図形」は，複数の「小単元の問い」を自然な流れで連続的に表出させることが難しい単元で，小学校との関連や点集合の考えなど，単元設計には改善の余地が多分に残されている（鈴木・國宗他，2018；藤原・水谷他，2018）。この場合，**複数の小単元を関連させつつもいったん区切ってみて，少なくともその中で「授業の問い」を連続させていけるように配慮することが必要だろう**。2次元と3次元との往来を視点として，「空間図形」単元との関連を検討することで，いっそう有意味な学習を進めることができるとも期待される（小石沢・鈴木他，2018）。今後の検討課題といえる。

また，2年「連立方程式」と「一次関数」は，我が国では一般的に「連立方程式」を先に学

習している。しかし，諸外国のカリキュラムで見られるように，グラフ関数電卓やタブレット端末などICTの活用を前提として，「一次関数」を先に学習した方がこれまでより必要感のある学習ができそうな単元もある（例えば，杉山，2007）。後者については，その学校や地域での特別な措置及び共通理解のもと，大幅なカリキュラム変革が必要かもしれない。

　ここでは，3年「関数$y = ax^2$」に焦点を当てて，単元の問い，小単元の問い，授業の問いについて具体的に考えてみたい（藤原，2015）。

　図2を見てほしい。まず，理科の「運動」の学習で行った落下運動の実験から得られたデータをもとに，物体が移動し始めてからの時間$x$と移動した距離$y$の関係を数学的に探る場面から単元を導入する。複数のグループの実験データが式$y = ax^2$で表されることを知り，関心を高めるとともに，ほかの例についても知る（**関数$y = ax^2$と出会う**）。

　単元の中盤では，関数$y = ax^2$について詳しく知るために，類似した式の関数と比較しながら表やグラフの特徴を見いだし，数学的な表現を用いて言語化していく。そのうえで，加速的に変化する数量関係の一例として，短距離走の選手の走り始めてからの時間$x$と進んだ距離$y$の関係について調べ，実際の具体例をもとに平均の速さについて理解する。また，単一の関数で近似できないことを知り，変域のあるグラフについて理解する（**関数$y = ax^2$を深める**）。

　単元末には，まず関数$y = ax^2$の定義に合う図形的な事象を扱い，変域のあるグラフを活用した後，定義に合うとはいえない2つの数量関係を関数$y = ax^2$であるとみなすことで未知の値を予測する。さらに，ほかの関数関係の存在を知り，関心を広げていく（**関数$y = ax^2$を使う**）。

　このような，「出会う」「深める」「使う」の3つの小単元で基本的に単元を構成することで，単元の学び全体が数学的活動（島田，1977）になることを目指す。

　また，単元の問いを，中学校数学科のすべての単元に対して挙げたのが表2である。単元の本質に向けたこれらの問いを明らかにするために生徒たちは単元を学ぶ。このように大まかに捉えていくことが，単元設計の第一歩であると考える。

理科の実験データを既知の関数で近似できるだろうか？
（グラフのよさ，関数 $y=ax^2$ の大まかな特徴）

↓

同じようなグラフや式になる２つの数量関係はないだろうか？
（関数 $y=ax^2$ で表される事象の存在の理解）

関数 $y=ax^2$ はどんな変化をするのだろうか？

↓

関数 $y=2x^2$ の表やグラフの特徴を，$y=2x$ と比較して見いだそう。
（２乗比例，放物線，グラフの特徴）

↓

関数 $y=2x^2$ の表やグラフの特徴を，$y=-2x^2$ や $y=3x^2$ などと比較して見いだそう。
（グラフの特徴）

↓

短距離走の選手の走りを関数 $y=ax^2$ で近似できるだろうか？
（平均の速さ，変域）

$y=ax^2$ の変化と対応の特徴にはどのようなものがあるのだろうか？

式に2乗のつく関数から未知の値は予測できるか？

↓

既知の関数のように，変化する図形の中に関数 $y=ax^2$ は見いだせるだろうか？
（変域のあるグラフ）

↓

身の回りの問題を関数 $y=ax^2$ を用いて解決するにはどうすればよいだろうか？
（問題解決の方法）

↓

身の回りにはほかにどのような関数があるのだろうか？
（いろいろな事象と関数）

$y=ax^2$ の特徴を問題解決に活用するにはどうすればよいか？

図２ 「関数 $y=ax^2$」単元における問い（（）内は得られる知識・技能）

表2　単元の問いの例（[　]内が単元）

| 領域 | 1年 | 2年 | 3年 |
|---|---|---|---|
| A 数と式 | [正の数・負の数]<br>0より小さい数はどんな数なのか？<br>負の数を含めても小学校と同様に計算できるか？ |  | [平方根]<br>平方してその数になるもとの数はどんな数なのか？<br>2乗する前の数はこれまでと同様に計算できるか？ |
|  | [文字式]<br>未知の値を含めた数量の関係を式で表すにはどうすればよいか？ | [文字式]<br>文字の種類や個数が増えても1年のときと同様に計算できるか？ | [多項式]<br>数や図形の性質を証明するためにどんな式変形が必要か？ |
|  | [一次方程式]<br>数量の関係の条件から未知の値を効率的に求めるにはどうすればよいか？ | [連立方程式]<br>2種類の未知数を含む方程式はどうすれば解けるか？ | [二次方程式]<br>2乗のつく方程式はどうすれば解けるか？ |
| B 図形 | [平面図形]<br>平面図形の性質や移動はどう表現したらよいのか？<br>様々な平面図形はどう作図すればよいのか？ | [平行と合同]<br>既知の図形の性質はどうすれば体系化できるか？ | [相似な図形]<br>形が同じ2つの図形ではどのような性質が成り立つか？ |
|  |  | [三角形と四角形]<br>三角形と四角形でどんな性質が成り立つのか？ | [円]<br>円と直線の関係についてどんな性質が成り立つのか？ |
|  | [空間図形]<br>3次元の世界でも2次元の世界と同じ性質が成り立つか？ |  | [三平方の定理]<br>直角三角形の2辺から残りの1辺は求められるのか？ |
| C 関数 | [比例・反比例]<br>2つの変数の関係から未知の値は予測できるか？ | [一次関数]<br>比例に似た2つの変数の関係から未知の値は予測できるか？ | [関数 $y = ax^2$]<br>式に2乗のつく関数から未知の値は予測できるか？ |
| D データの活用 | [データの分布]<br>どうすればデータの傾向を読み取り意思決定できるか？ | [データの分布]<br>多くの集団の傾向はどうすれば比較しやすいか？ | [標本調査]<br>一部のデータから全体の傾向を読み取るにはどうすればよいか？ |
|  | [確率]<br>多数回の試行をもとに事象の起こりやすさを表すにはどうすればよいか？ | [確率]<br>どうすれば確率を計算で求められるか？ |  |

図2や表2にあるような**単元の本質に迫る問いを明らかにしていく過程**で，必然的に，生徒の中の「**数学的な見方・考え方**」（中央教育審議会，2016）が深まりや広がりをもった豊かなものに成長し，確かなものとして生徒の中に残っていくと考えられる。ある学習場面において，どのような点に着目するか，どのように考えていくかは生徒一人ひとりによって異なることに留意する必要がある。そして，学習活動が進み，有効であった見方・考え方やあまり有効でなかった見方・考え方がそれぞれどれだったかなどを振り返り，自覚化していくことができれば，新たな場面でうまく引き出されるような選択や適用が可能な形に見方・考え方が変容していく。

　このような数学的な見方・考え方を働かせながら，生徒自身が数学的活動に取り組むことにより，数学的に考える資質・能力（数学科における「知識及び技能」「思考力，判断力，表現力等」「学びに向かう力，人間性等」）を育成することができる（中央教育審議会，2016）。どのような資質・能力をその単元，授業で育成したいのかを明らかにし（p.15から後述），単元をどのように設計し（p.18から後述），どのような数学的活動を設けるのか（p.22から後述）について，本書では提案していきたい。

　なお，本書における数学的活動は，島田（1977）の捉え方をもとにしている。

---

**島田（1977，p.14）の数学的活動**

　既成の数学の理論を理解しようと考えたり，数学の問題を解こうとして考えたり，あるいは新しい理論をまとめようとして考えたり，数学を何かに応用して，数学外の問題を解決しようとしたりする，数学に関係した思考活動

---

　この数学的活動は，現実の世界と数学の世界を含むサイクリックな模式図で表現され（島田，1977，p.15），バランスよく多様な活動を取り扱うことが推奨されている。実際に生徒の問いをもとにして単元や授業で実現するためには，どこをどう切り取り，何をねらいとして取り組ませればよいかを検討していくことがとても大切であり，絶えず再考していく姿勢が必要であるといえる（池田・藤原，2016）。

# 2

## 生徒にどうなって欲しいのか／生徒はどうなりたいのか

### 単元の目標と評価規準の設定

　具体的に単元を設計していくためには，単元を学び終えた後に，「生徒にどうなって欲しいのか」という目標を具体的にイメージし，一般的な言葉で文章化して示すことが必要である。この目標を，単元の導入辺りで生徒と共有し，生徒の動機づけに生かしたいものである。しかし，単元の目標の文章が一般的な書き方だと，具体的にどういう姿を意味するのかが生徒に伝わらない。また，逆に具体的な書き方だと，これから生徒たちに新たに気づいたりつくりあげたりしてほしい事柄をあらかじめ示すことになり，いわゆる"ネタバレ状態"で学ぶ楽しみが減ってしまう。

　［例］2年　データの分布の目標の書きぶり

　・一般的な書き方：多くの集団のデータの傾向を比較して読み取り，批判的に考察し判断することができる。

　・具体的な書き方：四分位範囲や箱ひげ図を用いて，多くの集団のデータの傾向を比較して読み取り，ほかの統計的な表現や新たな視点を加えて批判的に考察し判断することができる。

　したがって，生徒の意欲や思考力等を育てる観点から，あまり詳しくは共有する必要がないのではないかと筆者は考えている。

　しかし，生徒にどの程度示すかは別として，授業者として単元の目標を設定しておくことは不可欠である。どのような姿を生徒たちに求めるのか。これが当面の指導のゴールとなる。その単元末のゴールを意識して，逆算して単元で「何を学ぶのか」「どの順で」「どのくらいの時間をかけて」「どのように学ぶのか」を構想していくことが大切である（「逆向き設計」G. ウィキンズ・J. マクタイ，2012）。生徒に単元末にどんなことができるようになって欲しいのかを，教師が具体的に明らかにしておき，パフォーマンス評価を実施する。このパフォーマンス課題に取り組めるために必要な力を，単元を通して身につけさせていくわけである。意図的・計画的な単元指導のために必要なアプローチである。

　またその一方で，単元設計で大切なのは逆向き設計だけではない。生徒のもつ意欲と能力を引き出し，身につけていくためには，教師が生徒に「どうなって欲しいのか」ということ以上に，学習者である生徒自身が「どうなりたいのか」ということが重要である。先行き不透明なこれからの社会では，ゴールが他者から示されるのではなく，自らゴールを設定して実行して振り返り，また新たなゴールを設定，更新していく…といった，自己調整しながら活動してい

く力が不可欠である。そこで，単元づくりにおいては，**生徒各自で，生徒同士で，生徒と教師とで，その単元の目標をつくっていく展開，つまり，前向きに単元目標を創発していく**アプローチ（創発的アプローチ（白水，2014））も考えられる。教師は生徒に寄り添い，多様なアクセスの仕方を試み，問いや目標を引き出す役割に徹し，生徒とのやりとりなどの中で次に必要な学びを方向づける（トレイシー他，2018）。その学びの中で，生徒が何を獲得していったのか，またその価値は何なのかを自覚化させるようにして，また新たな問いや目標を引き出すようにする。昨今，「主体的・対話的で深い学び」（中央教育審議会，2016）という授業改善の視点が重要視されているが，「主体的な学び」を実現するうえで，この創発的アプローチという単元設計の考え方は不可欠である。

　以上の2つのアプローチは，数学科の単元設計においてともに重要である。端的にいうと，単元指導には「計画性」と「即興性」の両面が重要だということである。指導に計画がなければ，生徒にすべて学習展開を委ねることになり，生徒のモチベーションは保たれたとしても，必要なタイミングで必要な指導が入らず，生徒の力を十分に伸ばすことが期待できない。また，生徒のことをしっかりと見ないで教師の計画通りに淡々と進める単元展開では，生徒のモチベーションを引き上げることができず，受け身な学習が繰り返され，生きた学習効果が期待できない。そこで，教師が設定した単元目標をイメージする一方で，生徒の日々のモチベーションや能力，理解度，定着度などを見ながら，授業の時間配分や重点を臨機応変に変更しながら，指導を進めていく必要がある。


　生徒がみな，教師の考えた思考が最もよいと思ったら大間違いである。ある意味，**生徒は「まっすぐ育つ」のではなく，「くねくね育つ」**のである。また，何らかの理由ですぐには理解できない生徒もおり，やる気，認知，行動などに対する数多くの手立てが必要である（トレイシー他，2018）。つまり，生徒一人ひとりは見方を変えると，授業前に教師が生徒の反応をよく予想しておいても，その範疇を越えてくる。これはすごいことであるし，授業実践の醍醐味であったりする。

　そう考えると，**単元末で期待する姿から逆算をしながら，単元指導を意図的・計画的に進めつつも，生徒が問いを連続的に発しながら思考・表現する中で，既有の知識と比較したり，更新したり，これらを組み合わせたりして新たな知識を獲得していく展開が理想的**かもしれない。多種多様な生徒たちが教室にいることで，深まりのある授業ができるのである。そこでは，予想外の出来事にうまく対応したりこれを生かしたりしつつ，その後の指導のために授業構成や単元構成を修正する"授業の瞬発力"が教師には求められる。その意味で，学習評価はとても重要な役割を果たす。

## 単元における2つの評価

　学習評価にはその目的から，大きく分けて次の2つがある。

　ア．指導に生かすための評価

　イ．記録するための評価

　アは，机間指導などでの観察や対話などを通して生徒の学習状況を把握し，直後の指導や，その後の授業に生かすことを主たる目的とした評価である。全員の評価結果を帳簿などに記録して残し，評定のための資料にするということは必ずしもしない。

　イは，全員の評価結果を帳簿などに記録して残し，評定のための資料にすることを主たる目的とした評価である。その結果は，直近の指導やその後の授業に生かすこともある。

　したがって，このアとイは蓋然と二分できるようなものではない。多様な解釈をもつ教育用語「評価」をこの2つで捉えてみると，単元指導計画と一体化した評価を効果的・効率的に実施しようとする際に，とてもわかりやすい視点となる。

　「評価規準の作成，評価方法等の工夫・改善のための参考資料（中学校数学）」（国立教育政策研究所教育課程研究センター，2011）では，「学習指導の過程における評価」を○印，「単元における総括の資料とするための評価」を◎印として記号化し表記している。筆者が勤務していた学校ではこれにならって，アとイを「○」と「◎」とで記号化して全教科で使用することにした（横浜国立大学教育人間科学部附属横浜中学校，2012）。

　**評価は，すべて記録に残せばよいというものではない**。例えば，ICTを使ったりこまめに帳簿につけたりして，小テストなどの点数や各問題の出来・不出来を記録できたとしても，その記録をもとに単に量的に評価するだけではなく質的に評価するためには，教師には多くの時間と労力が伴い，学習評価で最も重要な「評価結果を次の指導に生かすこと」が難しくなるからである。生徒の学びの変容を記録する意味は大いにあるとは思うが，それを生かしてこその評価記録である。評価資料としてできるだけたくさん記録するよりも，どれを全員分記録に残し，どれを記録に残さないかを事前に検討しつつ，時間的な制約などと折り合いをつけて修正を加えながら，教師にとって過重負担がかからない形で，指導と評価のPDCAサイクルを上手に回していく必要がある。

　そして，学習評価で何よりも大切なのは，生徒がすでに何ができていて何がまだできていないのかといった現状を生徒本人が把握し，自信を高めたり，次なる目標を定めたりして，自己調整しながら学習に取り組めるようになることである。後述の「やってみる→振り返る→見通す→やってみる→…」といった自己調整のプロセスを授業や単元の中で促すために，学習評価を活用したい。

# 3

# 単元をどのようにつくっていけばよいのか

## 学ぶ場面：出会う，深める，使う

単元の本質に迫る問いを明らかにしていくために，単元を場面（小単元）に分けて，流れを大まかに「出会う」「深める」「使う」で整理すると，その全体像を捉えやすくなる。

出会う　：　具体的な問題の解決を通して，単元でこれから学ぶ内容に出会い，その存在や意味，よさを大まかに知る。その後で詳しく学んでいく必要性を感じ取る。

深める　：　出会った学習内容について，いっそう詳しく理解する。原理や法則などに気づき，その仕組みを理解し，数学的な表現を用いて表す。既知の内容と比較して考察することを通して，これと関連づけたり分類したり統合したりして，知識を構成したり再構成したりする。

使う　　：　深めた学習内容を，具体的な問題の解決に使う。その際，使うことの善し悪しや留意点，使ったときのよりよい表現について整理する。

新たな数学に出会うことで，さらにその数学の理解を深める動機づけとなる。理解を深めることで，どんな場面で使えるのかが知りたくなる。その数学を使うことで，理解をいっそう深めることにつながるとともに，有効性のみならず限界を感じることで，さらに新たな数学と出会うことにつながることもある。このように，学びの場面であるこれら3つは，互いに関連している。また，単元によっては，蓋然と3つに分けて順に並べることが難しいものもあるが，例えば，「深める」の中に小さな「出会う」「深める」「使う」があるように，入れ子状になって意味のある学習が進んでいくとも捉えられる。

## 学ぶ方法：見通す，やってみる，振り返る

上記の各場面において単元を学ぶ方法として，「見通す」「やってみる」「振り返る」という3つの相によるサイクルで捉えてみると，生徒の主体的な学習が期待できる。このサイクルは必ずしも「見通す」から始まるとは限らず，とりあえず「やってみる」から始まり，うまくいった面とうまくいかなかった面を振り返り，その後の「見通す」という行為に移っていくことも考えられる。「振り返る」ことから新たな「見通す」行為につながることも多々ある。

ところで，この「見通す」と「振り返る」という行為の対象は何だろうか。その対象をともに学習の結果と学習の過程であると捉えると，学習活動における見通しと振り返りは，大まかに，「結果の見通し」「過程の見通し」「結果の振り返り」「過程の振り返り」の4つに分類することができる（横浜国立大学教育人間科学部附属横浜中学校，2015；藤原・大内・大矢，2016）。

①結果の見通し

「結果の見通し」とは，単元や授業などのめあてを生徒に理解させたり，数学や現実の問題を提示した後でその答えや結論を直観的に予想させたりすることである（図3）。「問題解決の授業」に予想を積極的に位置付けた相馬（1995）は，その意義として「学習意欲を高める」「考え方の追究を促す」「思考の幅を広げる」を強調している。生徒が数学的に考えたい，表現したいという気持ちにさせることができるということに他ならない。

図3　結果の見通しを促す声かけのイメージ（横浜国立大学教育人間科学部附属横浜中学校，2015）

②過程の見通し

数学科で重視したい「過程の見通し」は，「方法の見通し」とも伝統的に呼ばれ，問題を解決するうえで有効に働きそうな見方，考え方，表し方などの方法を事前に検討することとして理解されている（図4）。全国学力・学習状況調査における，主として「活用」に関する問題の作成の枠組みでは，「β1：課題解決のための構想を立てること」が数学的なプロセスに位置付けられている（国立教育政策研究所，2007）。このことからも，方法の見通しを立てることが思考力・判断力・表現力等の育成につながると示唆される。

図4　過程の見通しを促す声かけのイメージ（横浜国立大学教育人間科学部附属横浜中学校，2015）

③結果の振り返り

「結果の振り返り」とは，問題解決の中で得られた答えや結論などの結果を振り返ることである（図5）。それにより，問題の条件を変えるなどして発展的に考える活動，いわゆる「問題づくり」（竹内・沢田，1984）につながり，統合的・発展的に考える力の育成が期待できる。なお，前掲の全国学力・学習状況調査における，主として「活用」に関する問題の作成の枠組みでは，「β2：結果を評価し改善すること」が数学的なプロセスに位置付けられている（国立教育政策研究所，2007）。「結果の振り返り」を行うことが思考力・判断力・表現力等の育成につながると示唆される。

図5　結果の振り返りを促す声かけのイメージ（横浜国立大学教育人間科学部附属横浜中学校，2015）

④過程の振り返り

数学科で重視したい「過程の振り返り」とは，「方法の振り返り」であり，問題解決の過程で有効に働いた考え方や表し方などを，改めて自覚化することである（図6）。それにより，これらの考え方などを別の場面でも活用して問題を解決できるようになることが期待できる。このことは，例えば，片桐（1988）の「数学的な考え方の指導」にもつながる。

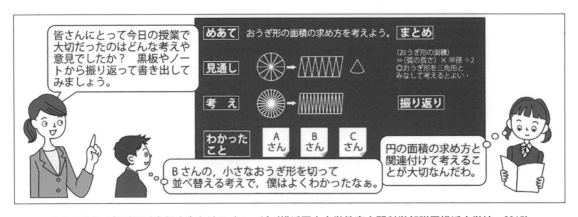

図6　過程の振り返りを促す声かけのイメージ（横浜国立大学教育人間科学部附属横浜中学校，2015）

なお,「結果の見通し」と「方法の見通し」,「結果の振り返り」と「方法の振り返り」は,一連の問題解決の過程において,それぞれ互いに補い合う関係にあるといえる。また,「結果の見通し」と「結果の振り返り」,「方法の見通し」と「方法の振り返り」は,一連の問題解決の過程において,それぞれ互いに影響を与え,促進し合う関係にあると捉えられる。

ここで,4つの見通しと振り返りを学習活動として実施する際,生徒が主体的に活動を進められるように,単元や授業を設計する際には以下のことに留意したい。

- ・単元全体や授業全体の中で生徒にとって必然性を感じられるように,意図的・計画的に位置付ける。
- ・見通しや振り返りを個人で行うか,数名の集団で行うか,クラス全体で行うかを検討しておく。
- ・位置付けた見通しや振り返りの場面で,予想される生徒の反応をできる限り検討しておき,それぞれの反応に対する評価と手立てを想定しておく。
- ・生徒の多様な発想・着想を,その生徒なりの言葉で表現することを促すようにする。
- ・生徒個人が言語化した見通しや振り返りを生徒同士で共有するかどうかは指導のねらいに照らして検討する。

加えて,見通しや振り返りを,どんな場面でも生徒任せにするのではなく,学習指導として単元や授業に位置付けることも,時に必要である。単元や授業における指導のねらい,タイミング,授業時間などを考慮に入れて,必然性を失わないように留意しつつ,活動を方向づけて見通しをもたせたり,生徒が気づきそうにない活動のポイントを提示して振り返りを深めたりすることは必要である。単元の前半など,単元を貫く数学的活動（後述）の進め方やよさを理解していく時期においては,学習指導としての見通しや振り返りが特に重要である。

# 4

## 生徒は単元でどのように学んでいけばよいのか

### 単元を貫く数学的活動の過程—領域における授業と授業のつながりを意識して学ぶ

　単元を通して生徒に数学的に考える資質・能力を育てるには，未知の問題に遭遇したとき，生徒が「この問題もああやって解けばよさそう…」と解決の方法の見通しを立てられるとよい。そのためには，1時間，1時間の授業で個別に考えていくだけでは効果的とはいえない。

　そこで，単元を通して一貫した共通の学び方あるいは類似の学び方を，質を高めながら経験していくことができるように，単元の中で授業と授業のつながりを意識して学ぶための工夫をしていきたい。そうすることで，徐々に生徒の見方・考え方が豊かで確かなものになり，効率的で実りの多い学習が可能となっていく。つまり，**単元を貫く複数の数学的活動を経験できるようにし，この過程を通して生徒がその単元での学び方を自分の問題解決の土俵として身につけていく**のである。

　「単元を貫く数学的活動」の過程を生徒自身が遂行できるようになったうえで，単元末でパフォーマンス課題を設けていくとよい。

　では，「単元を貫く数学的活動」の過程を，まずは領域ごとで検討してみたい。

---

Ａ　数と式

Ａ１：日常生活や社会の問題場面における数量関係を整理して数で表したり式を立てたりして，これを解き，解が問題の解決として妥当かどうかを検討する過程

　　　［例：過不足の問題，速さの問題］

Ａ２：数や図形の性質が成り立つかどうかを予想し，具体的な数をいろいろと当てはめて帰納的に確かめ，文字を用いるなどして演繹的に説明する過程

　　　［例：3つの連続する自然数の和，道幅一定の道路の面積］

Ａ３：Ａ２の結果や過程を振り返り，見いだした数の性質を一部変えて発展的に考えたり，さらに振り返って統合的に見たりして，新たな性質を見いだす過程

　　　［例：3つの連続する自然数の和，2つの連続する偶数の平方の和］

Ａ４：新しい数や式の表し方，大小，計算について，既知の原理・法則と矛盾なく拡張していけるかどうかを統合的・発展的に考察し，得られた結果を数学的な表現を用いて整理していく過程

　　　［例：正負の数の大小，平方根の加法］

---

　Ａ１は，既習の計算法則などを具体的な文章題に適用する「数学の応用」（池田，2010）で

ある。問題解決が目的的になされ，その場面を理想化・単純化して数量関係を整理する場合，その活動は「数学的モデリング（または数学的モデル化）」（池田，2010）と呼ばれる。

　Ａ２とＡ３は，帰納的・類推的な考察から具体的な性質を発見し，文字式や既習の性質を活用して演繹的に証明し，また新たに性質を見いだしていくという，探究的な数学的活動の過程である。この際，反例を挙げて予想した性質が成り立たないことを説明する活動も重要である。一次関数の変化の割合が一定であることなど，関数領域の学習においてこの過程を通すことが大切な場面もある。

　Ａ４は，Ａ２とＡ３に類似しているが，具体的な数や式を複数例に挙げながら進める帰納的な考察を中心として，数や式についての性質や法則を習得していく場面の数学的活動の過程である。この際，面積図などの図的表現と数式との関連づけを重視し，生徒の直観と論理をつなぐことができるように配慮する（池田・藤原，2016）。

---

**Ｂ　図形**

Ｂ１：日常生活や社会の問題場面を理想化・単純化するなどして図形を見いだし，その図形における
　　　数量の関係をもとに式を立てて解き，解が問題の解決として妥当かどうかを検討する過程
　　　［クロカンブッシュの体積，富士山の見える範囲］

Ｂ２：図形の性質が成り立つかどうかを予想し，図をかいたり観察したりするなどして帰納的に確か
　　　め，既知の定理にもとづいて演繹的に証明する過程
　　　［鳩目返し，四角形の隣り合う辺の中点を結んでできる図形］

Ｂ３：Ｂ２の結果や過程を振り返り，見いだした図形の性質を一部変えて発展的に考えたり，さらに
　　　振り返って統合的に見たりして，新たな性質を見いだす過程
　　　［鳩目返し，四角形の隣り合う辺の中点を結んでできる図形］

Ｂ４：図形の位置関係や相等関係について，既知の原理・法則と矛盾なく拡張していくことができる
　　　かどうかを統合的・発展的に考察し，得られた結果を数学的な表現を用いて整理していく過程
　　　［ねじれの位置，円周角の定理］

---

　Ｂ１は，具体的な問題場面における対象を既知の図形に置き換えて問題を焦点化し，解決する数学的モデリングの過程である。よりよい解決を求める探究的な過程といえる。

　Ｂ２とＢ３は，帰納的・類推的な考察から具体的な性質を発見し，既習の性質を活用して演繹的に証明し，また新たに性質を見いだしていくという，一連の探究的な数学的活動の過程である。この際，反例を挙げて予想した性質が成り立たないことを説明する活動も重要である。

　Ｂ４は，「Ａ　数と式」領域と同様，Ｂ２とＢ３に類似しているが，図形についての性質を，帰納的な考察を中心として習得していく場面の数学的活動の過程である。その際，模型づくりや作図の結果を観察したり，実験・実測したりするなどの具体的な経験をもとにすることで，生徒の直観と論理をつなぐことができるように配慮する（國宗，2017）。

C 関数

C1：日常生活や社会の問題場面から2つの変数を取り出し，その関係を理想化・単純化するなどして既知の関数を活用し，未知の値を予測する過程

　　　［例：震源距離と初期微動継続時間，富士山の8合目の気温］

C2：図形など数学の問題場面から2つの変数を取り出し，その関係を既知の関数として捉え活用し，変化や対応の様子を理解する過程

　　　［例：円の中心角とおうぎ形の弧の長さ，動点の問題］

C3：具体的な事象の中から伴って変わる2つの数量に着目し，関数として捉え，その変化や対応を表，式，グラフなどを用いて考察することで関数の特徴を見いだし，その結果を数学的な表現を用いて整理していく過程

　　　［例：一次関数の変化の割合，関数 $y = ax^2$ の平均の速さ］

　C1は，日常生活や社会の問題における変数の依存関係に着目し，その関係を既知の関数とみなしたりすることで解決する数学的モデリングの過程である。

　C2は，図形などの数学の問題における変数の依存関係に着目し，その関係を既知の関数として捉え，その変化や対応の様子を数学的な表現を用いて整理していく過程である。中心角と円周角の関係など，図形領域の学習においてこの過程を通すことが大切な場面もある。

　C3は，出会った関数の特徴を，帰納的な考察を中心として習得していく場面の数学的活動の過程である。生徒の実態を見て可能であれば，文字式を用いた演繹的な説明を扱うとよい（國宗，2017）。その過程を通して，表，式，グラフそれぞれのよさを感じ取ったり，これらを関連づけて理解を深めたりする。

D データの活用

D1：日常生活や社会の問題を解決するために，統計で解決できる問題に焦点化し，見通しをもって必要なデータを集め，分布の様子を表，グラフ，図に表すなどして分析し，考察して結論を得たり，よりよい解決に向けた課題を見いだしたりする過程

　　　［例：大縄跳びの列と回数，お小遣いアップ大作戦］

D2：日常生活や社会の問題を解決するために，実験や場合の数に着目して，見通しをもって多数の観察や多数回の試行をもとにしたり，同様に確からしいことを条件・仮定として設けたりして，表，グラフ，図，式に表すなどして確率を求めて結論を得たり，よりよい解決に向けた課題を見いだしたりする過程

　　　［例：いかさまサイコロの1の出る目，くじ引きの後先］

D3：上記D1，2を振り返り，得られた結果や過程を数学的な表現を用いて整理していく過程

　　　［例：累積度数の必要性と意味，確率の必要性と意味］

Ｄ１は，社会でも行われる統計的問題解決の過程で，例えば，問題の設定（Problem），計画（Plan），データ収集（Data），分析（Analysis），結論（Conclusion）の５つの相からなるPPDACサイクル（Wild & Pfannkuch（1999）；文部科学省，2017）などが挙げられる。

　Ｄ２は，確率をもとにしているが，データをもとにした統計的問題解決と見ることもできる。Ｄ１，Ｄ２の過程は，統計量や確率を求める際などに用いる表，グラフ，図，式を数学的モデルとして捉えれば，数学的モデリングと見ることができる（西村，2012）。

　Ｄ３は，Ｄ１やＤ２の過程をもとに得られた知識・技能を整理して習得していく過程である。そして，得られた知識・技能を活用して新たな問題解決に取り組んでいく過程がＤ１やＤ２である。１年，２年ともに統計と確率を隣接させて学習できるようになった新学習指導要領では，Ｄ１とＤ２を組み合わせたような，統計的に考察したことをもとに確率的に判断してよいかどうかを検討して意思決定を行う数学的モデリングの過程を生徒に経験できるようにすることが有益である（藤原，2018；お茶の水女子大学附属学校園連携研究算数・数学部会，2018）。

## 「出会う」「深める」「使う」との関連—領域を超えて授業と授業のつながりを意識して学ぶ

　４つの領域におけるＡ１〜Ｄ４の過程を単元に位置付けるとすると，小単元の「出会う」「深める」「使う」の各場面（各小単元）にどう位置付けるかについて検討する必要がある。このような観点から，領域を超えて関連づけながら整理したい。

　**数学を「使う」場面で大切な数学的活動の過程が，主にＡ１，Ａ２，Ａ３，Ｂ１，Ｂ２，Ｂ３，Ｃ１，Ｃ２，Ｄ１，Ｄ２である。**特に，Ａ１，Ｂ１，Ｃ１，Ｄ１，Ｄ２は数学的モデリングと捉えられ，こちらもパフォーマンス課題に適している。複数の活動やその過程の自覚化を積み重ねていくことで，数学を活用して問題解決する方法（いわゆる方法知）を習得でき，いずれは自律的にサイクリックな過程を自ら進めることができるようになることが期待される。また，特にＡ２とＡ３，Ｂ２とＢ３は，問題を発展的に扱った「問題づくり」（竹内・沢田，1984）と呼ばれ，レポート作成などのパフォーマンス課題に適している。単元や学年をまたいで複数の活動を積み重ねて経験していくにつれて，「数や図形を変えたらきっとこういうことが成り立ちそうだ」「次元を変えたら少し違うことが成り立ちそうだ」「仮定と結論を逆にして調べてみたらおもしろそうだ」などと生徒の探究心が育っていくことが期待される。

　また，**数学を「深める」場面で大切な数学的活動の過程が，主にＡ４，Ｂ４，Ｃ３，Ｄ３である。**これらの過程が，「単に教科書にあるから」という理由で教えられるのではなく，生徒にとって必要感や目的意識を伴いながら，主体性にもとづいて学習されるように，問いを引き出せるように工夫したい。それにより数学の理解の深まり具合に大きく影響を及ぼすと考えられる。

　では，数学と「出会う」場面で大切な数学的活動の過程はどうか。いわゆる単元の導入である。単元の本質に迫る問いを重視するなら，前の学年や前の単元で深めた数学などを「使う」ような過程，すなわち，Ａ１，Ａ２，Ａ３，Ｂ１，Ｂ２，Ｂ３，Ｃ１，Ｃ２，Ｄ１，Ｄ２を設

けることにより，生徒が新たな数学と出会えるようにしてはどうか。日常生活や社会の問題を新たな視点で解決しようとしたり，数学の世界の問題を発展的に考察しようとしたりする中で，新たな数学と出会い，深めていく必要性を感じ取れるように意図するのである。

　単元のスタートとゴールが一貫され，生徒が目的意識をもって学ぶことができる単元設計にこれからは挑戦していきたい。ただし，生徒が一定の自信をもちながら学び始められるように，生徒の実態に合う教材を選定していく必要があることにくれぐれも留意したい。

## 単元に依存しない数学的活動の過程—領域によらず共通に意識して学ぶ

　上記のＡ１〜Ｄ３の数学的活動の過程に合わせて，領域によらず，数学を学ぶ姿勢，習慣として共通して大切にしたい過程もある。例えば，次の３つが挙げられる。

> Ｘ１：答えや結論を多様に考察する過程
>
> Ｘ２：相対的に分けられる複数の世界を行き来して考察する過程
>
> Ｘ３：数学的な表現を用いて論理的に説明したり，その表現を洗練したりする過程

　Ｘ１を意図した指導法を「オープンエンドアプローチ」（島田，1977）と呼ぶ。解決の方法や条件を変えてつくる問題を「答え」として生徒に要求する活動もある（例えば，「問題づくり」（竹内・沢田，1984））。ただし，授業のねらいや時間的な制約を加味して実施を検討する必要がある。

　Ｘ２は，数学をつくったり実感を伴って理解を深めたりするうえで重要な過程である（池田，2017）。例えば，数学的モデリングが含まれるが，それ以外にも，現実の世界の問題を解決した後に，別の現実の世界の類例を探して，共通に見られる数学を抽象化して理論化する過程や（島田，1977），数学の世界の問題を解決する際や新たな知識が得られた後に，図的表現や具体物などでの解釈を考察する過程（池田・藤原，2016）などが含まれる。

　Ｘ３は，生徒同士，あるいは生徒と教師がコミュニケーションをもち，社会的相互作用を促す過程であり，知識を構成していくうえで重要である（金本，2014）。数学的な表現を用いて話す，聴く，話し合うだけではなく，書く，読むも大切である。自他の表現をある観点から評価し，改善することで，理解が深まるとともに，思考力・判断力・表現力等の高まりが期待される。

　以上の数学的活動の過程と領域等を表に整理したのが表３である。表３の「場面」は活動を設ける主な場合のことを，「世界」は活動で考察対象となる事象を含む主な世界のことを示している。

　第１章の考察にもとづき，第２章では具体的な単元設計と核となる授業のポイントについて例を挙げて提案する。

# 表3　単元を貫く数学的活動の過程と領域等の整理

| 領域別の過程<br>（A：数と式　B：図形　C：関数　D：データの活用） | 場面 | 世界 | 領域共通の過程 | | |
|---|---|---|---|---|---|
| A1：日常生活や社会の問題場面における数量関係を整理して数で表したり式を立てたりして，これを解き，解が問題の解決として妥当かどうかを検討する過程 | 出会う<br><br>使う | 現実 | X1：答えや結論を多様に考察する過程 | X2：相対的に分けられる複数の世界を行き来して考察する過程 | X3：数学的な表現を用いて論理的に説明したり，その表現を洗練したりする過程 |
| A2：数や図形の性質が成り立つかどうかを予想し，具体的な数をいろいろと当てはめて帰納的に確かめ，文字を用いるなどして演繹的に説明する過程 | | 数学 | | | |
| A3：A2の結果や過程を振り返り，見いだした数の性質を一部変えて発展的に考えたり，さらに振り返って統合的に見たりして，新たな性質を見いだす過程 | | | | | |
| A4：新しい数や式の表し方，大小，計算について，既知の原理・法則と矛盾なく拡張していけるかどうかを統合的・発展的に考察し，得られた結果を数学的な表現を用いて整理していく過程 | 深める | | | | |
| B1：日常生活や社会の問題場面を理想化・単純化するなどして図形を見いだし，その図形における数量の関係をもとに式を立てて解き，解が問題の解決として妥当かどうかを検討する過程 | 出会う<br><br>使う | 現実 | | | |
| B2：図形の性質が成り立つかどうかを予想し，図をかいたり観察したりするなどして帰納的に確かめ，既知の定理にもとづいて演繹的に証明する過程 | | 数学 | | | |
| B3：B2の結果や過程を振り返り，見いだした図形の性質を一部変えて発展的に考えたり，さらに振り返って統合的に見たりして，新たな性質を見いだす過程 | | | | | |
| B4：図形の位置関係や相等関係について，既知の原理・法則と矛盾なく拡張していくことができるかどうかを統合的・発展的に考察し，得られた結果を数学的な表現を用いて整理していく過程 | 深める | | | | |
| C1：日常生活や社会の問題場面から2つの変数を取り出し，その関係を理想化・単純化するなどして既知の関数を活用し，未知の値を予測する過程 | 出会う<br><br>使う | 現実 | | | |
| C2：図形など数学の問題場面から2つの変数を取り出し，その関係を既知の関数として捉え活用し，変化や対応の様子を理解する過程 | | 数学 | | | |
| C3：具体的な事象の中から伴って変わる2つの数量に着目し，関数として捉え，その変化や対応を表，式，グラフなどを用いて考察することで関数の特徴を見いだし，その結果を数学的な表現を用いて整理していく過程 | 深める | | | | |
| D1：日常生活や社会の問題を解決するために，統計で解決できる問題に焦点化し，見通しをもって必要なデータを集め，分布の様子を表，グラフ，図に表すなどして分析し，考察して結論を得たり，よりよい解決に向けた課題を見いだしたりする過程 | 出会う<br><br>使う | 現実 | | | |
| D2：日常生活や社会の問題を解決するために，実験や場合の数に着目して，見通しをもって多数の観察や多数回の試行をもとにしたり，同様に確からしいことを条件・仮定として設けたりして，表，グラフ，図，式に表すなどして確率を求めて結論を得たり，よりよい解決に向けた課題を見いだしたりする過程 | | | | | |
| D3：上記D1，2を振り返り，得られた結果や過程を数学的な表現を用いて整理していく過程 | 深める | 数学 | | | |

**[参考文献，引用文献]**　（掲載順）

・中原忠男（2000）「算数・数学の目的・目標」，日本数学教育学会誌第82巻第7・8号，pp.48-51.

・G. ウィキンズ・J. マクタイ（2012）『理解をもたらすカリキュラム設計―「逆向き設計」の理論と方法―』，日本標準.

・鈴木誠・國宗進・鈴木康志・水谷尚人・藤原大樹・小石沢勝之（2018）「中1図形指導の改善―小学校での学習を活かした作図の指導―」，日本数学教育学会誌第100巻臨時増刊（印刷中）.

・藤原大樹・水谷尚人・國宗進・鈴木康志・鈴木誠・小石沢勝之（2018）「中1図形指導の改善―数学的モデリングを活かした作図の指導―」，日本数学教育学会誌第100巻臨時増刊（印刷中）.

・小石沢勝之・鈴木康志・國宗進・水谷尚人・鈴木誠・藤原大樹（2018）「中1図形指導の改善―平面と空間の往来を視点として―」，日本数学教育学会誌第100巻臨時増刊（印刷中）.

・杉山吉茂（代表）（2007）『生かす数学　中学2年』，（財）日本教材文化研究財団・東京書籍.

・藤原大樹（2015）「生徒が新たな数学を生み出す数学的モデリングの指導―中学校数学科の関数領域に着目して―」，日本科学教育学会年会論文集39，pp.101-104.

・中央教育審議会（2016）「幼稚園，小学校，中学校，高等学校及び特別支援学校の学習指導要領等の改善及び必要な方策等について（答申）」

・島田茂（編著）（1977）『算数・数学科のオープンエンドアプローチ―授業改善への新しい提案―』，みずうみ書房.

・池田敏和・藤原大樹（2016）『数学的活動の再考』，学校図書.

・白水始（2014）「新たな学びと評価は日本で可能か」，P. グリフィン・B. マクゴー・E. ケア，『21世紀型スキル―学びと評価の新たなかたち―』，北大路書房，pp.205-222.

・トレイシー．E. ホール・アン．マイヤー・デイビッド．H. ローズ（編著）（2018）『UDL　学びのユニバーサルデザイン―クラス全員の学びを変える授業アプローチ―』，東洋館出版社.

・バリー．J. ジマーマン・ディル．H. シャンク（編著）（2006）『自己調整学習の理論』，北大路書房.

・横浜国立大学教育人間科学部附属横浜中学校（2012）『思考力・判断力・表現力等を育成する指導と評価II　言語活動の質を高める授業事例集』，学事出版．pp.8-9.

・横浜国立大学教育人間科学部附属横浜中学校（2015）『思考力・判断力・表現力等を育成する指導と評価V　「見通す・振り返る」学習活動を重視した授業事例集』，学事出版.

・藤原大樹・大内広之・大矢周平（2016）「見通しと振り返りを重視した数学的活動の授業づくり」，第31回「東書教育賞」受賞論文集 pp.49-59.

・相馬一彦（1995）『「予想」を取り入れた数学授業の改善』，明治図書.

・国立教育政策研究所（2007）「平成19年度全国学力・学習状況調査解説資料中学校数学」，p.10.

・竹内芳男・沢田利夫（編著）（1984）『問題から問題へ―問題の発展的な扱いによる算数・数学科の授業改善―』，東洋館出版社.

・片桐重男（1988）『数学的な考え方の具体化』及び『問題解決過程と発問分析』，明治図書.

・池田敏和（2010）「数学的モデル化」，日本数学教育学会（編）『数学教育学研究ハンドブック』，東洋館出版社，pp.272-281.

・國宗進（2017）『数学教育における論証の理解とその学習指導』，東洋館出版社.

・Wild, C. J. & Pfannkuch,M. (1999). Statistical thinking in empirical enquiry, International Statistical Review.67（3）. pp.223-265.

・文部科学省（2017）「中学校学習指導要領解説数学編」.

・西村圭一（2012）『数学的モデル化を遂行する力を育成する教材開発とその実践に関する研究』，東洋館出版社.

・藤原大樹（2018）「中学生の箱ひげ図等を用いた批判的思考」，日本学教育学会年会論文集42．（印刷中）

・お茶の水女子大学附属学校園連携研究算数・数学部会（編著）（2018）『「データの活用」の授業―小中高の体系的指導で育てる統計的問題解決力―』，東洋館出版社.

・金本良通（2014）『数学的コミュニケーションを展開する授業構成原理』，教育出版.

・池田敏和（2017）『モデルを志向した数学教育の展開―「応用指向VS構造指向」を超えて―』，東洋館出版社.

# 第2章

## 「単元を貫く数学的活動」でつくる
## 新授業プラン

# 1年　正負の数 （全27時）

# 負の数を含めても小学校と同様に計算できる？

## 1 典型的な単元の流れと目指す単元の流れ

| 典型的な単元の流れ | 目指す単元の流れ |
|---|---|
| [出会う]<br>　なし | [出会う]<br>　素数と素因数分解について知る。 |
| [深める]<br>　なし（△小学校での数についての学習を振り返って整理する場面がないため，中学校での学習とのつながりが意識されにくい） | [深める]<br>　素因数分解を行い，振り返ることにより，約数や倍数などの数の性質についての理解を深める。その際，累乗について知り，数の表し方についての理解を深める。 |
| [出会う]<br>　日常生活にひそむ負の数から，正負の数の表し方や記号，用語について知り，数の範囲を拡張する。 | [出会う]<br>　日常生活にひそむ負の数から，正負の数の表し方や記号，用語について知り，数の範囲を拡張する。 |
| [深める]<br>　拡張した数の範囲において，数の大小関係や演算決定，演算方法について，算数科での学習と関連づけて考察し表現する。計算法則について拡張する。累乗について知る。数を集合とその集合における計算可能性について整理する。（△累乗を学ぶ必要感が薄い） | [深める]<br>　拡張した数の範囲において，数の大小関係や演算決定，演算方法について，算数科での学習を振り返って関連づけて考察し表現する。計算法則，偶数・奇数の定義，累乗について拡張する。数を集合とその集合における計算可能性について整理する。 |
| [使う]<br>　具体的な事象の問題について，正負の数を用いて表して考察することでよりよく解決する。 | [使う]<br>　具体的な事象の問題について，正負の数を用いて表して考察することでよりよく解決する。 |

# 2 本単元を貫く数学的活動の過程

## ■ 素数，素因数分解と出会い，深める（A2，A4，X1，X3）

小学校では，約数や倍数などの整数の性質について理解してきている。それらの数の性質を振り返りつつ，倍数にならない自然数に目を向け，自然数が素数とそれ以外に分けられること，自然数が素数の積として表されること（素因数分解）について知る。実際に，いくつかの自然数で素因数分解をすることによって，数の性質の理解を深める。その際，累乗の表し方を理解できるようにする。これらを通して，数感覚をいっそう豊かにしながら，自然数の多様な見方や表し方を身につけ，その後の学習に自信をもって臨むことができるようにしたい。

## ■ 正負の数と出会う（A1，X2）

算数科では，比較的小さい自然数から大きい自然数，小数などに数の範囲を拡張してきている。すでに生徒は，気温や収支などといった日常生活にひそむ負の数を目にしている。このことを取り上げ，負の数についても数学科での考察対象として公式に扱っていく。

数量をある基準の値にもとづいてそれとの差で表すことにより，実感をもって数量を捉えることができたり，数量の大小比較や様々な計算を能率的に行うことができたりすることが，正負の数のよさである。なぜ0や負の数が世の中で必要なのかについて気づかせたい。

## ■ 正負の数を深める（A2，A3，A4，X2，X3）

小学校では，新しい数を学ぶと，「それがどのような大きさをもつのか？（大小関係）」「どのような計算ができるのか？（演算決定）」「その計算はどのようにできるのか？（計算方法）」について考察し，理解を深めてきた。中学校でもこの流れを汲み，正負の数について，移動における方向と距離など具体的な事象と関連づけながら，数直線などを用いて考察し表現する。その際，「これまでと同じに捉えられるか？」という問いを一貫して取り上げたい。負の数やその計算はそれまでの数と何が同じで何が異なるのか，異なる場合に「これまでと同じ」と解釈するにはどう捉え直せばよいのかを授業の主題とし，統合的・発展的に考察できるようにする。それにより，数の範囲が拡張されても原理・法則が保存されること（形式不易の原理）に気づけるようにする。

また，符号や絶対値に着目して計算を工夫できるようにする。その際，途中式における等号の意味や根拠となる法則をもとに，式を変形する過程を正しく表現できるようにする。

■ 正負の数を使う（A1，X1，X3）

データの平均を求める際に，設定する基準の値を工夫して能率的に計算するなど，具体的な問題の解決のために正負の数で表すよさを実感できるようにする。なお，正負の数はその後の文字式などの学習でも繰り返し使っていくため，無理に時間をかける必要はない。

■ 単元を通して

新しい数に対して実感がもてるように，様々な場面で数直線を用いて考察・説明し，理解を深める活動を重視する。数直線を用いた考察は，座標平面や平方根の学習にもつながる。

## 3 単元の一覧表

### 1 目標

○素数について理解し，自然数を素因数分解することができる。
○正負の数において，数の意味，演算決定，計算方法を理解し，目的に応じて四則計算をすることができるとともに，具体的な事象の問題の解決に活用することができる。

### 2 単元の問い

> 「−」（マイナス）のついた数はどのような数なのか？
> 負の数を含めても小学校と同様に計算できるか？

図1　授業「時差」の板書

## 3 単元設計のコンセプト

### 小単元の問い：整数はどのような仲間分けができるのか？

| 問い［教材］ | 知識・技能 | 思考力・判断力・表現力等 |
|---|---|---|
| 整数のうち，倍数にならない数にはどのようなものがあるだろうか？ | 素数の意味<br>自然数を素数の積で表すこと | 素因数分解した結果をもとに，約数について考察し表現すること |

### 小単元の問い：「−」（マイナス）のついた数はどのような数なのか？　これまでの数とどう違うのか？

| 問い［教材］ | 知識・技能 | 思考力・判断力・表現力等 |
|---|---|---|
| 「−」（マイナス）のついた数はどのようなものがあるだろうか？［気温］［標高］［収益］ | 正負の数の必要性と意味<br>符号，絶対値の意味 | 複数の正負の数の大小を，数直線や用語を用いて判断し表現すること |
| −3と−5とではどちらが大きいだろうか？ | 正負の数の大小関係を，不等号を用いて表すこと | |

### 小単元の問い：負の数で計算はできるのか？　できるなら，どのようにすればよいのか？（これまでの計算とどう違うのか？）

| 問い［教材］ | 知識・技能 | 思考力・判断力・表現力等 |
|---|---|---|
| 負の数でたし算，ひき算はできるのだろうか？　どのようにすればよいのだろうか？［トランプゲーム］ | 正負の数の加法，減法の意味，計算 | 算数で学習した数の計算と関連づけて，加法，減法，乗法，除法の計算の方法を，符号や絶対値などに着目して見いだし表現すること |
| 負の数でかけ算・わり算はできるのだろうか？　どのようにすればよいのだろうか？ | 正負の数の乗法，除法の意味，計算<br>累乗の意味，計算<br>加減乗除の混じった計算 | 計算法則にもとづいて加法や乗法の計算を能率的に行う方法を見いだすこと |
| 加減乗除の混じった計算はどのようにすればよいだろうか？ | | 計算法則など根拠を明らかにして計算の工夫を表現すること |
| 累乗の指数が負の数になることはあるのだろうか？（発展）［$2^{-3}$］ | | 累乗にかかわる数の性質について，統合的・発展的に考察すること |

### 小単元の問い：具体的な場面で正負の数はどう生かせるのか？

| 問い［教材］ | 知識・技能 | 思考力・判断力・表現力等 |
|---|---|---|
| 時間的，空間的な前後の関係を捉えるにはどうすればよいか？［時差］ | 正負の数を活用して問題解決する方法 | 具体的な場面における問題を，正負の数と関連づけて考察すること |
| 平均を求める煩雑な計算を工夫するにはどうすればよいか？［仮平均］ | | 具体的な場面における数量について，基準の値を設けて正負の数で表し，能率的に問題を解決する方法を考察し表現すること |

### 授業1 （第11時）

# すごろくゲーム（減法）

## 1 問題

> すごろくゲームでAさんに追いつくには，あなたは何が出ればよいだろうか？

## 2 活動の流れ

　本時は，減法の計算の意味と計算方法について理解することを目標としている。

　本時で扱うすごろくゲームは，正負の数のカードを引き，カードに記された数によってコマを動かしていく単純なものである。すごろくゲームの例は，図2の通りである。例えば，＋2の位置にコマがあり，引いたカードが－5であれば，＋2からゴールと反対の方向へ5動かすことになる。つまり，（＋2）＋（－5）＝－3の位置まで動く。引いたカードによるコマの移動の様子（方向と距離）は数直線上で表現することができ，加法の学習として扱ってきた。

図2　すごろくゲームの例

　このことをもとに，本時では上記の問題について考察し表現することで，減法の計算の意味及び計算の仕方を見いだし，理解できるようにする。例えば，「自分が－3，ゲーム相手のAさんが＋5にいるとき，自分に何が出ればよいか？」に焦点化する。この場合，（－3）＋□＝（＋5）が成り立つ□の数を明らかにしなければならないため，算数での逆算の考えにより，式（＋5）－（－3）を立てることができる。その計算のためには，－3がまず原点に戻って（正の方向に3移動して）から＋5まで動く（さらに正の方向に5移動する）ので，式（＋3）＋（＋5）と表現できる。つまり，加法の交換法則にもとづけば，（＋5）－（－3）＝（＋5）＋（＋3）と変形することができる。減法を加法に変える際に，減数の符号を変えて加えることの意味を見いだすことができる。

　授業では，まず「自分が＋3，Aさんが＋5にいるとき」（式（＋5）－（＋3））に問題を焦点化して解決し，次に条件を変えて「自分が－3，Aさんが＋5にいるとき」（式（＋5）－（－3）），「自分が＋3，Aさんが－5にいるとき」（式（－5）－（＋3）），「自分が－3，Aさんが－5にいるとき」（式（－5）－（－3））について，4人程度のグループで協働的に考察させる。後の2つの焦点化された問題を解決した後，最初の問題についても同じ解釈で統合的に

捉えられるかを考えさせる。これらの過程を通して,「自分の位置からいったん原点に戻る」という移動が,式の上では「減数の符号を変えてたす」ことの意味であることに気づかせるようにする。授業の最後には,計算の仕方についてふれ,次時の計算方法の習熟練習につなげていく。

## 3 指導と評価のポイント

前時までに,すごろくゲームを扱い,正負の数の加法の意味や計算の方法について学習している。この経験をもとに,本時では求めるものを「すごろくの位置」から「自分が出すカードの数」に変えて上記の問題を設定する。

本時では,2つ目の焦点化された問題から,「いったん原点に戻ってから,相手のコマまで移動する」という移動に光が当たる。その移動の仕方や式変形が条件を変えたほかの場合でもいえるかどうかについて,統合的・発展的に考察していく。つまり,数学的な性質の適用範囲を明らかにするための数学的な探究を期待するのである。

最初は4人程度のグループで話し合い,疑問を出し合いながら進めるが,移動と式変形の関連に気づき始めると,生徒は黙々と自立的にほかの場合について考えられるようになる。机間指導では,いくつかの条件での移動を対比的に見ているかや,移動の仕方を式変形として表せているかなどに焦点を絞って評価するようにし,助言していくことが大切である。また,本時では絶対値が3と5の数を取り上げるが,絶対値が大きな数や小数などになっても同様の移動や式変形ができそうであることにふれておくことも必要である。

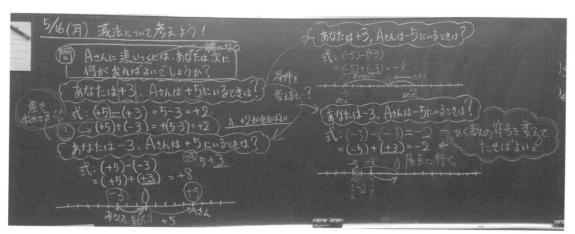

図3 本時の板書

〈引用・参考文献〉
・『中学校数学1』(学校図書,平成28年度版,p.21)

## 授業2（第15時）
# 乗法の計算の仕方

## 1 問題

> 算数で用いた2本の数直線（線分図）は，負の数を含んだ乗法の計算でも使えるだろうか？

## 2 活動の流れ

本時は，2本の数直線（線分図）を用いて，乗法の仕方を負の数まで拡張して演繹的に考察し表現することができることを目標としている。

算数科では，かけ算の計算の意味について，2本の数直線を用いて学んできた。例えば図4は，小学校4年で式1.5×3の計算の意味を考えるためのもので，教科書に載っている。ここでは「基準量1.5を1つ分としたときに，3つ分はいくつに当たるか」について考察し，式を立てると1.5×3となる。2本の数直線で「基準量を1としたときにいくつに当たるか」という，同数累加を拡張した「倍」の意味をもとにしている。

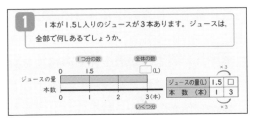

図4　小4の教科書における2本の線分図

この2本の数直線を負の数にまで拡張すると，負の数を含む乗法の計算についても説明ができる。例えば図5は，式（−2）×（−4）＝＋8になることを説明するものである。

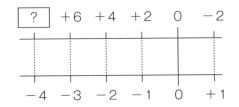

図5　式（−2）×（−4）の数直線

授業では，前掲の小学校の教科書のコピー（図4）を配付し，立式と計算を行わせる。そのうえで，上記の問題を生徒に問いかけ，本時の主題とする。まず，問題を式（＋5）×（−3）に焦点化し，4人程度のグループにホワイトボードとペン4本を配付して協働的に考察させ，各自の方向から自由にホワイトボードへ記述させる。次に，各グループのホワイトボードを黒板に貼りつけて多様な方法を分類・整理するとともに，その中で（負の数）×（負の数）にも適用できる方法を選択させる。最後に，問題を式（−4）×（−2）に焦点化し，自立的に考察して記述させ，自身の理解状況を自己評価できるようにする。（−4）×（＋2），（−4）×（＋1），（−4）×0，…と乗法を順に小さくして，帰納的に説明できることにもふれる。

## 3 指導と評価のポイント

　前時までにすごろくゲームを教材として取り上げ，数直線上の移動における方向や距離に着目し，正負の数の加法・減法の意味及び計算方法について学んできている。

　式（＋5）×（－3）について，代表的な考えに図6・7がある。図6は，乗法の交換法則を用いて式を（＋5）×（－3）＝（－3）×（＋5）のように変形し，（－3）＋（－3）＋（－3）＋（－3）＋（－3）という同数累加の考えを使って積を求めている。数直線では，「基準量－3を1としたときに，＋5に当たるのはいくつか？」を求めるように記述している。しかし，前時までにまだ乗法の交換法則が成り立つかどうかを認めておらず，不十分といわざるを得ない。また，（負の数）×（負の数）の計算には使えない。一方で図7は，「基準量＋5を1としたときに，－3に当たるのはいくつか？」を求める数直線をかいており，基準量を負の数にすれば（負の数）×（負の数）の計算にも使える。ちなみに，交換法則をもとにしていない。

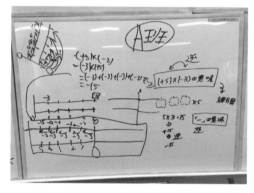

**図6　グループでの記述**

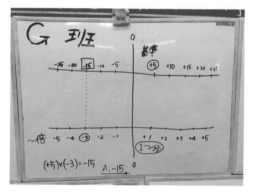

**図7　グループでの記述**

　これらの考えは，両方大切である。なぜなら，図6の考えの積と図7の考えの積とが等しくなることから，負の数を含めた乗法においても交換法則が成り立つことを認めることができるからである。これら両方の考えを適切に評価し，指導に生かすことが大切である。

　また，協働的に考察して得られたことを，個人での理解に確実につなげていくことが大切である。図8は式（－4）×（－2）の計算を，図7の考えをもとに表現したものである。記述が不十分な生徒にはさらに別の式で確認させ，進んだ生徒には方法知を「かけられる数を基準の値として1と決めたとき，かける数に当たる数を数直線上で見つければよい」などと言語化させるとよい。

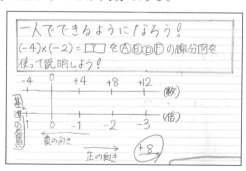

**図8　個人での記述**

〈引用・参考文献〉
・『小学校算数4年下』（学校図書，平成27年度版，p.71）

授業3（第25時）

# 累乗（発展）

## 1 問題

> $2^{-3}$はいくつなのだろうか？

## 2 活動の流れ

　本時は，累乗の指数が負の数になる場合の解釈について，帰納的，演繹的に考察することができることを目標としている。具体的には，$2^{-3}$に焦点化して授業を進めていく。

　本単元において，まず素因数分解と関連して自然数の累乗の表し方について学習した。その後，負の数を含めて数の範囲が拡張され，累乗$a^n$の底$a$が小数や負の数などの場合についても学習し，計算に習熟しつつある。実際に過去の生徒が出した素朴な問いとして上記の問題を取り上げ，協働的に考察させる。

　授業では，まず上記の問題を投げかけた後，$47^{-33}$などは複雑なので単純化して$2^{-3}$として焦点化し，まずは3分間程度個人で考えさせる。そのうえで，4人程度のグループで机を合わせて話し合い，配付したホワイトボードに自分たちなりの考えを一定時間内に書かせる。

　次に，4人程度のグループのうち，話し役と聴き役のペアをそれぞれつくり，話し役の生徒は考えの書かれたホワイトボードを持って隣のグループの机へ移動し，自分たちの考えを発表して質疑・応答を行う。発表のときに自分たちの考えに不十分さがある場合には，「どこまでわかっていて何がわからないのか？」を明らかにして話し，意見や助言をもらうように勧める（例えば，図9）。この活動をもとに自分たちの机に戻り，再度話し合って考えを更新していく（例えば，図10）。そのうえで，先ほどの話し役と聴き役を交代し，今度は逆の隣のグループの机へ移動し，発表して質疑・応答を行う。

　最後に，いくつかのグループの考えを発表してもらって共有し，「$2^0$の解釈をどうするか？」など核心的な問いを全員で考えていく。

　これらの学習過程で，$2^3$，$2^2$，$2^1$，…と帰納的に考察したり，式の中に「$1 \times$」を加えて演繹的に考察したりすることで，解釈に矛盾がなくなり，論理的には誰もが納得して捉えられるようにする。時間が許せば，いくつか練習問題に取り組ませるとよい。

## 3 指導と評価のポイント

　前時までに，累乗を含め乗法の計算について学習している。累乗の計算問題を「累乗の指数が自然数でなかったら？」と発展的に扱い，数学的な探究を通して累乗の表し方の理解を深め，形式不易の原理を見いだすことを目指す。

　机間指導では，例えば図9のように，$2^{-3}$における「-3乗」の意味を「$2^3$や$(-2)^3$」と関連づけて考察している。図9は$(-2)^3$の式にかっこが不足しているが，$2^{-3}$を明らかにするという目的のもとで，累乗の意味について学び直す機会を得ている状況として評価できる。また，図10では，「何回かけるか？」を意味する指数に着目し，-3乗における負の符号を「正の符号の逆」と仮定し，辞書に用語「累除」が載っているかどうかを調べようとしている。矛盾はないが，それが正しいとされる根拠を模索している状況として評価できる。

図9 「-3乗」の意味について話し合う

図10 「累除」を辞書で調べる

　生徒が正答に気づきにくい場合には，乗法の学習で乗数を順に小さくして帰納的に考察した経験を振り返らせると，$2^3$，$2^2$，$2^1$，…と帰納的に考察しやすくなる。また，$2^0$が1であることに違和感をもっている生徒には『$2^3$や$2^2$の式にも1を登場させられないかな？』と問いかけることで，式の中に「1×」を加えるようになる。無矛盾に数学がつくられていることの美しさを実感できるようにしたい。

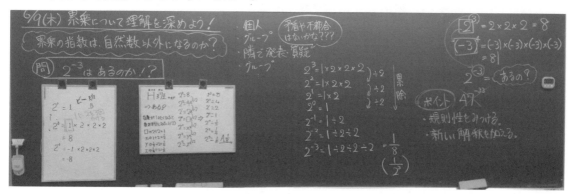

図11　本時の板書

# 1年 文字式と一次方程式 （全35時）

# 未知の値を含めた数量の関係を式で表したり、数量の関係の条件から未知の値を効率的に求めたりするにはどうすればよいか？

## 1 典型的な単元の流れと目指す単元の流れ

| 典型的な単元の流れ | 目指す単元の流れ |
|---|---|
| [出会う]<br>　具体的な数量の関係を文字式で表す。文字式で表された考えを読み取る。 | [出会う]<br>　具体的な数量の関係を文字式で多様に表す。文字式で表された考えを読み取る。 |
| [深める]<br>　文字式の乗除の表し方にしたがって正しく表現したり、一次式の加減の計算をしたりする。（△無目的な表現や計算に終始する） | [深める]<br>　文字式の乗除の表し方を知り、正しく表現する。具体的な場面と関連づけて計算の方法を考察し、一次式の加減の計算の仕方を理解し、正しく実行する。 |
| [使う]<br>　具体的な場面で文字式を活用する。（△その後の学習で文字式は何度も使うので重複感があり、時間がかかる） | [出会う]<br>　すでに取り上げた、具体的な数量の関係を表した文字式における「わかっている数量」と「わからない数量」とを変えて、等式、方程式について理解する。値によって左辺と右辺の大小関係が変わることから、不等式について理解する。 |
| [出会う]<br>　具体的な場面で等式と不等式、方程式とその解について知る。（△不等式を学ぶ意義がわかりづらい） | |
| [深める]<br>　等式の性質をもとにした方程式の解き方を知り、計算する。（△方程式は解けても、その根拠を意識しづらい） | [深める]<br>　等式の性質を知り、これをもとに方程式の解き方を見いだし、計算する。 |
| [使う]<br>　具体的な場面で方程式を活用して問題を解決する。その方法を整理する。 | [使う]<br>　具体的な場面で方程式を活用して問題を解決する。その方法を整理する。 |

# **2** 本単元を貫く数学的活動の過程

## ■ 文字式と出会う（A2，A3，X1，X2，X3）

　算数の学習で出会った文字を振り返りながら，正方形を $x$ 個つなげたように並べたつまようじの本数など，具体的な数量の関係を文字式で多様に表していく。また，文字式で表された他者の多様な考えを読み取ることを通して，文字に親しめるようにする。その過程では，文字式を立てるのみならず，文字式から式の値を求めるなど，一般的に表された文字式と具体的な式とを行き来しながら理解を深めていくことを重視する。

## ■ 文字式を深める（A4，X2）

　文字式の乗除の表し方を知り，いくつかの式で正しく表現する。上記のような具体的な場面と関連づけて計算の方法を考察し，一次式の加減の計算の仕方を理解し，正しく実行する。やや複雑な式の計算も，分配法則などを使って能率的に行う。

## ■ 方程式と出会う（A1，X2，X3）

　具体的な数量の関係を表した文字式における「わかっている数量」と「わからない数量」とを変えて問題を設定する。その解決の過程において，$x$ の値によって左辺と右辺の大小関係が変わることに関連して不等式を，左辺と右辺が等しくなることに関連して等式，方程式を学習する。その際，等式と方程式の違いについても理解できるようにする。

## ■ 方程式を深める（A2，A3，A4）

　具体的な問題の解決を通して等式の性質を知り，これをもとに方程式の解き方を見いだしていく。その際，解き方を理解して方程式を解くことができるようになることばかりに終始するのではなく，方程式を解くための式変形に着目し，なぜその変形ができるのか，根拠をもとに表現できるようにする。

## ■ 方程式を使う（A1，X2，X3）

　具体的な場面における問題の解決に，方程式を活用できるようにする。ここで扱う問題は，方程式を使わずとも解決できるものが多い。方程式を用いた方法を無理に進めるのではなく，方程式を用いる方法や用いない方法の両方を取り上げ，それぞれのよさにふれ，単元を通して徐々に方程式を用いた方法を選択して使えるようにすることを目指す。その過程において，結果として，方程式を用いて解決する方法を整理し理解できるようにする。

■ 単元を通して

　文字式の学習では，いくつかの数を用いて表された式をもとに，どんな数でも表されるという一般性を意識して学習を進められるようにするとともに，方程式の学習では，どんな数かわからない$x$の値を特定していくという特殊性を意識して学習を進められるようにする。これらを一連の活動として捉え，目的に応じて文字式を運用していく力を高めたい。

# 3 単元の一覧表

## 1 目標

○文字を用いることの必要性と意味を理解し，きまりにしたがって文字式を表したり，具体的な場面と関連づけて計算の仕方を考察し，正しく計算したりすることができる。
○方程式の必要性と意味を理解し，簡単な一次方程式を解くとともに，具体的な事象の問題の解決に方程式を活用することができる。

## 2 単元の問い

> 未知の値を含めた数量の関係を式で表すにはどうすればよいか？
> 数量の関係の条件から未知の値を効率的に求めるにはどうすればよいか？

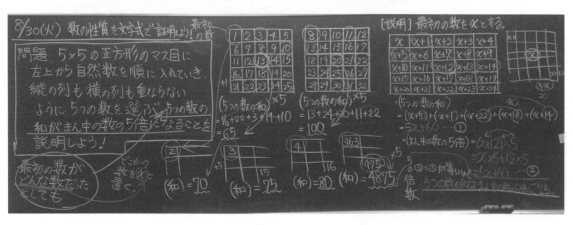

図1　授業「正方形のマス目」の板書

## 3 単元設計のコンセプト

**小単元の問い：値が決まっていないままで数量の関係や法則を式で表すことはできるか？ どうすればよいか？**

| 問い［教材］ | 知識・技能 | 思考力・判断力・表現力等 |
|---|---|---|
| 正方形の個数が決まっていないままで本数を表す式はどう表せばよいか？［並べたつまようじ］ | 文字を用いることの必要性と意味 | 具体的な式と文字式とを関連づけて考察し表現すること |

**小単元の問い：文字式の表し方や計算の仕方にきまりはあるか？**

| 問い［教材］ | 知識・技能 | 思考力・判断力・表現力等 |
|---|---|---|
| 前時で出された多様な式はすべて同じ式といえるのだろうか？［並べたつまようじ］ | 文字式における乗除の表し方 | |
| 和，差，積，商の表し方にきまりはあるだろうか？［長方形の面積図］ | 簡単な一次式の加減の計算式の値 | 具体的な場面と関連づけて，一次式の加減の計算の方法を考察し表現すること |
| いろいろな数量の関係や法則を文字式で表せるだろうか？［並べたつまようじ／条件替え］［並べた碁石］ | 数量の関係や法則を文字式で表したり，式から考えを読み取ったりすること | 具体的な式と文字式とを関連づけて考察し表現すること |

**小単元の問い：文字式で条件を満たす値を求めることはできるか？**

| 問い［教材］ | 知識・技能 | 思考力・判断力・表現力等 |
|---|---|---|
| つまようじの本数が決まっているとき，つくれる正方形の個数を求めるにはどうすればよいか？［並べたつまようじ］ | 等式，不等式の意味<br>方程式の必要性と意味<br>解の意味 | 具体的な場面と関連づけて，方程式を解く方法を考察し表現すること |

**小単元の問い：方程式を能率よく解く方法はあるのか？**

| 問い［教材］ | 知識・技能 | 思考力・判断力・表現力等 |
|---|---|---|
| 様々な値を代入する以外に，方程式を効率的に解く方法はないだろうか？　小数や分数，かっこを含んだ方程式はどのような手順で解くのが能率的だろうか？ | 簡単な一次方程式を解くことやや複雑な一次方程式を工夫して解くこと | 等式の性質をもとに，一次方程式を解く方法を考察し表現すること |

**小単元の問い：どんな問題に方程式は生かせるのか？　どう生かせばよいのか？**

| 問い［教材］ | 知識・技能 | 思考力・判断力・表現力等 |
|---|---|---|
| どんな問題に方程式は生かせるのか？［画用紙と生徒］［追いつき算］［ハンバーグの比率］ | 方程式を活用して具体的な問題解決する方法<br>簡単な比例式を解くこと | 一次方程式を具体的な場面で活用すること |

1年
文字式と一次方程式

授業1（第1時）

# つまようじの本数（1）

## 1 問題

図のように，つまようじではしご状につなげて並べていきます。
次の場合のとき，つまようじの本数を求めよう。

## 2 活動の流れ

　本時は，文字を用いることの必要性と意味を理解するとともに，具体的な式と文字式とを関連づけて考察することを目標としている。

　まず，図とともに問題を提示し，正方形が10個，100個のときについて，つまようじの本数を自立的に求めるようにする。立式に当たっては，できるだけ「10」や「100」を用いることにより，どのように考えたかが自他にわかりやすくなる。多くの生徒は，小学校で類似の活動に取り組んだ経験があると予想されるため，自信をもって発展的に多様な考えを生み出すだろう。

　例えば，右のような式が考えられる。

　次に，隣同士で式と考えを説明し合う機会を短時間で設けたうえで，個別に考えた式と考えを全体で取り上げ

| | 10個のとき | 100個のとき |
|---|---|---|
| 考え1 | $4 \times 10 - (10 - 1)$ | $4 \times 100 - (100 - 1)$ |
| 考え2 | $1 + 3 \times 10$ | $1 + 3 \times 100$ |
| 考え3 | $2 \times 10 + 1 \times 10 + 1$ | $2 \times 100 + 1 \times 100 + 1$ |
| 考え4 | $4 + 3 \times (10 - 1)$ | $4 + 3 \times (100 - 1)$ |
| 考え5 | $2 \times 10 + 2 \times 10 - (10 - 1)$ | $2 \times 100 + 2 \times 100 - (100 - 1)$ |

ていく。挙手を求め，前で黒板に貼りつけた図に固まりなどをマジックで印をつけながら説明させていく。聴いている生徒は，10や100といった具体的な数でありながら，これらを変数のように捉えられるようになっていくことが期待される。式が生徒から出つくされたタイミングで，言葉の式についてもふれる。

　そのうえで，『10個や100個でなくても求められるかな？』と問い，個数が変わっても求め方は変わらないことを確認し，□や文字で表せばどんな個数でも表せることに気づかせていく。小学校6年で学んだ文字 $x$ を用いて，それぞれの式を一般化して表すようにする。

　これらの式はすべて $1 + 3x$ と変形できるが，その変形は次時以降の課題として取っておく。ここでは，適当な数を $x$ の値として，各式に代入すると式の値が等しくなることから，どれも正しそうであることに気づかせ，用語「代入」「式の値」について理解できるようにする。

44

## 3 指導と評価のポイント

　生徒は，小学校6年で数量を表す言葉や□，△などの代わりに，$a$, $x$などの文字を用いて式に表したり，文字に数を当てはめて調べたりすること，及び問題場面の数量の関係に着目し，数量の関係を簡潔かつ一般的に表現したり，式の意味を読み取ったりすることについて学習してきている。本時では，中学校での本格的な文字式での表現，計算処理，説明に向けて，小学校での学びを培いながら文字式の必要性と意味について理解できるようにする。

　指導に当たっては，生徒の変数の見方を丁寧に扱い，具体的な数の式で考えを伝え合う過程を大切にする。本単元を通して，文字式を用いて数量の関係や法則を表現したり，考えを読み取ったりできるようにするには，式における「変わるもの」と「変わらないもの」を区別し，「変わるもの」を変数として捉えることが大切である。正方形の個数が変わっても同様の方法で本数を求められることに生徒自身が気づいたうえで，どんな個数のときでも求められる式に生徒の関心が向くようにしたい。

　小学校ですでに学習しているからといって，必ずしも，文字のもつ一般性を十分に理解しているとは限らない。したがって，生徒の状況を見ながら，必要に応じて□，△などを用いた式や言葉の式で表して理解を深めつつ，文字式で表すことについて抵抗感を和らげながら進めていく。最初から「文字ありき」で授業を進めないようにしたい。

　また，多様な考えをもとに，文字式で数量の関係や法則を一般的に表した後，これらの式の扱いに注意したい。具体的な数の式では正答が301のように一意に決まるが，本時では"正答らしき式"が多様に出される。生徒に違和感が残るのが自然だろう。そこで，『**これらは本当にすべて正しいのかな？**』と問い，これを確かめる方法について検討させる。この方法としては，「具体的な数を当てはめる」と「計算する」が出されると予想される。前者は，各自で数を決めてやらせてみるとよい。目的にしたがって式の値を求める経験は，その後の文字式や方程式の学習につながる。このタイミングで用語「代入」「式の値」にふれることも考えられる。後者は，次時以降の中心課題として追究していくことを明示し，見通しをもたせる。

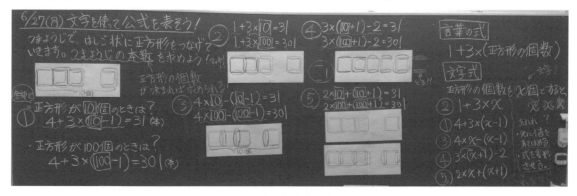

図2　本時の板書

**授業2（第5時）**

# つまようじの本数（2）

## 1 問題

> A $4x - x = 3x$ は正しいか？　それはなぜか？
>
> B $2x + x = 3x$ は正しいか？　それはなぜか？
>
> C $3x + 1 = 4x$ は正しいか？　それはなぜか？

## 2 活動の流れ

　本時は，具体的な場面と関連づけて，一次式の加法と減法の計算の方法を考察し，表現することができることを目標としている。

　第1時で，正方形をはしご状に $x$ 個並べたつまようじの本数を表す式について，具体的な数の式をもとに考察してきている。生徒が見いだした"正答らしき多様な式"がそれぞれ本当に正しいといえるのかどうかを確かめるために，具体的な値を $x$ に代入して調べる経験をしている。しかし，すべての自然数を代入するのは現実的に不可能である。したがって，既習の計算法則や図をもとに文字式を変形する方法について問いを向け，協働的に検討する機会を設ける。

　本時では，右の①～⑤の式を生徒が見いだした。前時までに文字式の乗除の表し方や分配法則について学習していることから，

| | |
|---|---|
| ① | $1 + 3 \times x$ |
| ② | $4 + 3 \times (x - 1)$ |
| ③ | $4 \times x - (x - 1)$ |
| ④ | $x \times 2 + (x + 1)$ |
| ⑤ | $3 \times (x + 1) - 2$ |

　① $1 + 3x = 3x + 1$

　② $4 + 3x - 3 = 3x + 1$

　⑤ $3x + 3 - 2 = 3x + 1$

となることがわかる。しかし，③と④は一次式の加減についてしくみや計算方法が理解できないと $3x + 1$ になるかどうかは示せない。具体的には，$2x + x = 3x$ であるといえれば（④の式）$= 3x + 1$，$4x - x = 3x$ であるといえれば（③の式）$= 3x + 1$ といえる。また，一般に $3x + 1 = 4x$ であると考える生徒も少なくない。これらから，上記の問題に焦点化し，一次式の加減について考えさせる。

　授業ではまず，3題のうち1題を4人のグループごとに割り当て，ホワイトボードにその理由と結論を記述させる。一定時間後，4人のうちの2人ペアが別のグループに移動し，残った2人に対して記述をもとに説明する。質疑の時間を設け，そこで受けた質問についてまた自分のグループに戻って再検討・改善し，再度別の2人ペアで異なるグループに移動し発表させる。各考えの要点や関連について共有し，一次式の加減の計算の意味の理解を深めていく。

## 3 指導と評価のポイント

　本時では，一次式の加減の計算方法について，線分図や面積図などを用いて考察し，分配法則を用いて説明させたい。

　割り当てられた問題についてグループで話し合う場面では，式や図，言葉を用いて記述するように伝える。その際，既習の何をもとにして説明しているのかが明らかであると望ましい。

　別のグループで発表・質疑する場面では，話し役の2人は発表量がどちらかに偏らないように意識させる。聴き役の2人には改善点が見いだせるように，説明の根拠の不足や用語の誤りなどについて指摘できるようにさせる。

図3　発表する様子

図4　生徒の記述の例

　全体で考えを共有する場面では，B，A，Cの順で取り上げる。生徒が各グループでの発表・質疑で概ね理解できていれば生徒の記述をもとに教師が簡潔に説明し，その後各考えを深めることに時間をかける。例えば，BとAの共通点として線分図や面積図，分配法則などを用いて説明ができることに気づかせる。特にAの面積図で縦 $x$ cm，横 $4$ cm の長方形の「横が$1$ cm 縮む」ことを扱うことで，多くの3年生が理解しにくい式 $(x+a)(x-a)$ の展開における面積図を理解する素地となる。Cでは，例えば左辺に $x=2$ を代入し，成り立たない例（反例）を挙げて示していることを自覚させる。そのうえで面積図を用いて $3x+1x$ であれば $4x$ になり，さらには文字が同じでないと加減ができないことにつなげる。次時は計算技能の習熟を目指す。

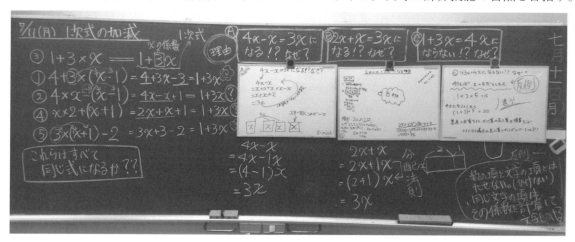

図5　本時の板書（図4とは別のクラス）

**授業3（第19時）**

# つまようじの本数（3）

## 1 問題

912本のつまようじをはじご状に並べていくと，正方形は何個つくれるだろうか？

## 2 活動の流れ

　本時は，等式と不等式の意味を理解すること，方程式の必要性と意味，解の意味を理解すること，具体的な場面と関連づけて方程式を解く方法を考察し表現することを目標としている。

　教材は，本単元で複数回扱ってきた「つまようじの本数」で，第1時の問題の前提条件（正方形の個数）と求める数量（つまようじの本数）を入れ替えて取り上げる。文字式の学習から方程式の学習への接続を重視し，これから何を新しく学ぶのかを理解しやすくする。

　912本のつまようじを実際に並べたり，図にかいたりすることは現実的でない。そこで生徒は，正方形をつなげて並べたときの既習の式 $3x + 1$ に着目し，関係式 $3x + 1 = 912$ を立て，この式が成り立つような $x$ の値を求めようと考えていく。小学校では，簡単な方程式については逆算の考えで解く経験をしてきているので，演算記号「×」を入れたり，$x$ を□で表したりするなど，小学生のころになじみのある表現に変えれば，逆算の考えで多くの生徒は解くことができる。しかも，いくつか並べたつまようじの図をもとにすると，「1本取る」「3本のかたまりがいくつできるか」など具体的な操作がイメージでき，式変形の意味が理解しやすくなる。それが，方程式を解く方法を考察する際に具体的な場面と関連づけるよさであると考える。

　授業では，問題を提示した後，まずは『算数・数学の既習事項で解けるかな？』と問う。すると，「1本取って3でわる」という逆算の考えから $(912 - 1) \div 3$ で求めようとする生徒と，関係式 $3x + 1 = 912$ を立てて $x$ の値を求めようとする生徒に概ね分かれる。そこで，前者の式に軽くふれたうえで，中学校で本格的に学習している文字式で考えることを全体の問題として焦点化していく。式 $3x + 1 = 912$ を満たす $x$ は，300くらいであることは容易に見当がつく。このことから，301，302，303，…と値を変えていき，左辺と右辺の値の大小を比較してつまようじがあまるか不足するかの境界を見つけていく。相等になる場合はなく，あまりが最小になる303個が答えとなる。解決の過程を振り返り，用語「等式」「不等式」「方程式」「解」の意味を理解していく。なお，本時は9月12日に実践したことと，対象生徒には適度な難易度になることが予想されたことから「912本」とした。

48

## 3 指導と評価のポイント

　前時では本単元第1時の「つまようじの本数」の問題を原題とし，その条件を変えて発展的に考察した。並べ方（三角形，五角形など），並べる方向（左右，左右上下など），次元（3次元）などの条件変更をした。そのほか，原題の前提条件（正方形の個数）と求める数量（つまようじの本数）を逆にするというのも考えられる。この問いを全体で取り上げ，「912本で正方形が何個つくれるか？」を考えていく。

　本時では，方程式を立てた後，その左辺と右辺の値の大小関係を不等号を用いて整理することが重要である。そのため，図6にある表で整理するように教師が誘導する。表の観察を通し，

・つまようじがあまる正方形の個数とたりなくなる個数とがあり，その間には，左辺と右辺の値の相当関係が成り立つ値がありそうであること
・$x$の値は自然数でないといけないので，あまりが最小になる個数303が答えになること
・あまりの本数は，個数が増えるごとに一定の割合で減っていくこと（一次関数の素地）

に気づかせたい。また，正答である303個が認められた後，問題を抽象化して数学の世界に発展させ，「$x$が自然数でなかったらどうか？」について考えさせる。各用語とともに，方程式 $3x+1=912$ の解 $\frac{911}{3}$ についてふれ，方程式の利用における解の吟味につなげていく。

　本時では，分数解を設定して1時間扱いとしたが，生徒の状況によっては，解を自然数のものに変更したり，本時を1.5時間扱いにしたりすることも考えられる。具体的な場面における問題解決を通して，立てた方程式を成り立たせる$x$の値を求めるために実際に様々な値を代入して左辺と右辺の値の大小比較をしたりする経験を，この時期には必ず全員にさせたい。面倒な作業であるが，変化の割合が一定であることに気づき，解が1つにしか決まらないことを理解することもできる。次時以降に方程式を能率的に解く方法の考察の動機づけにもなる。

　次時では，本時の「1をひく」と「3でわる」の操作を等式の性質の学習につなげていく。

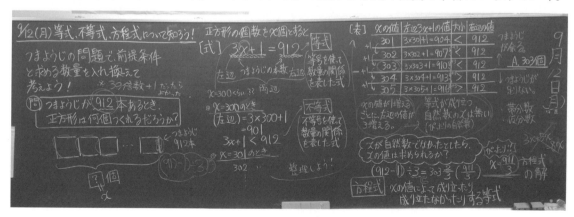

図6　本時の板書

# **1**年　比例・反比例（全21時）

# ２つの変数の関係から
# 未知の値は予測できる？

## **1** 典型的な単元の流れと目指す単元の流れ

| 典型的な単元の流れ | 目指す単元の流れ |
|---|---|
| [出会う]<br><br>　具体的な事象から２つの数量を取り出し，表や式などから変化や対応の様子を調べ，関数関係の意味を理解する。比例・反比例を関数として捉え直し，式で定義する。（△事象を関数として捉えるよさが実感しづらい） | [出会う]<br><br>　具体的な問題の解決のために事象から２つの数量を取り出し，変化や対応の様子から未知の値を予測するなど，関数関係として事象を捉えるよさを実感する。既習の比例・反比例を関数として捉え直し，式で定義する。変域や比例定数を負の数へ広げても同じ特徴が成り立つか疑問を抱く。 |
| [深める]<br><br>　まず表，次に式，最後にグラフといった順で比例・反比例それぞれの変化や対応を調べていき，その特徴を理解する。（△表，式，グラフのよさが実感しづらい） | [深める]<br><br>　表，式，グラフのそれぞれの必要性やよさを感得できる具体的な問題場面や，比例・反比例の変域や比例定数などを変えることにより，統合的・発展的に考察しながら比例・反比例の意味や特徴を見いだしていく。 |
| [使う]<br><br>　具体的な事象を取り上げた問題解決の場面を設け，解決の過程や結果について，根拠を明らかにして説明する。（△みなしてよい理由までは検討しない） | [使う]<br><br>　具体的な事象を取り上げた問題解決の場面を設け，解決の過程や結果について，根拠を明らかにして説明する。比例・反比例とみなして解決した際には，みなしてよい理由にも焦点を当てる。 |

# 2 本単元を貫く数学的活動の過程

## ■ 関数や比例・反比例と出会う（C1，C3，X2，X3）

　普段，何かを知りたいことがあっても直接知り得ないとき，対応関係にある別の何かに着目して代理的に思考することで知り得ることがある。これが，関数のよさである。関数に出会う場面の学習においては，関数関係の意味は理解できても，学ぶ意義が感じにくいものである。そこで，上記のような代理的な思考によって未知の値を予測，推測するような場面を取り上げ，2つの数量の関係を関数として捉えるよさを感じ，その後の学習の動機づけを得られるようにしたい。また，比例・反比例と出会う場面の学習においては，それまで学習してきたこととの関連づけや対比により問いを引き出し，その後に比例・反比例を深める動機づけとしたい。

## ■ 比例・反比例を深める（C2，C3，X2，X3）

　小学校では，主に比例について学習し，反比例は比例の理解を確かなものとする意図で軽い扱いとなっている。また，グラフは折れ線グラフとして扱われている。このことを踏まえ，**『変域を負の数にしても，比例定数を負の数にしても，同様の特徴が成り立つかな？』『点を細かくとっていくと，グラフはどうなるかな？』**などと生徒をゆさぶり，生徒の問いをもとに既有の知識を拡張して構造化したり，新規の知識を自分たちで構築したりできるようにしたい。また，座標を新たに学習し，変域を負まで拡張するため，表現の仕方が豊かになる。表を縦横無尽に見て考察することを橋渡しとして，表，式，グラフの関連を抵抗感なく学ばせたい。

## ■ 比例・反比例を使う（C1，C2，X1，X2，X3）

　身の回りには，厳密には比例（反比例）ではないもののそれとみなして問題を解決することが有効な場面が多い。指導においては，最初は定義に合う事象を扱いつつ，誤差を含む事象を徐々に扱っていくとともに，比例（反比例）とみなしてよい理由について検討する場面を設け，比例・反比例を活用して問題を解決する力を，無理なく身につけられるようにしたい。また，既習の数学的な事象における2つの数量の関係を，関数として捉え直す場面を設けることにより，様々な数量を変化と不変とに着目してみることができるようにしたい。

## ■ 単元を通して

　本単元を通して，表，式，グラフを用いて問題を解決する活動を繰り返し設けることが大切である。それにより，事象の変化を大まかに捉えたいときはグラフ，具体的な値で詳しく調べたいときは表，簡潔に表したり正確に値を求めたりしたいときは式と各表現様式のよさを感じ，目的に応じて使い分けられるようにしたい。そのためには，事象の考察の仕方を「大まか→詳

しく」の順に進めていけば，学ぶ意義を感じながら学ぶことができるが，1年では座標の学習があり，グラフを表や式の後に学習することが多いため，配慮が必要である。

# 3 単元の一覧表

## 1 目標

○伴って変わる2つの数量及びその関係に着目し，表，式，グラフを用いて考察し，表現する活動を通して，比例・反比例の関係について理解するとともに，事象の変化の仕方を理解したり未知の値を予測したりすることができる。

## 2 単元の問い

2つの変数の関係から未知の値は予測できるか？

## 3 単元設計のコンセプト

小単元の問い：数学を用いて未知の値を予測することはできるのか？　その数学とは何か？

| 問い［教材］ | 知識・技能 | 思考力・判断力・表現力等 |
| --- | --- | --- |
| 未知の値を予測するには，どの2つの数量の関係に着目すればよいか？　2つの数量の関係をどう表現・処理すれば予測できるか？［観覧車］ | 関数の意味<br>変数，変域の意味<br>表，式，グラフの有用性 | 表の値の規則性に着目したり，グラフから読み取ったり，式に既知の値を代入したりして，未知の値の求め方を考察すること |

小単元の問い：比例は関数といえるのか？　負の数を含むと特徴は変わるのか？

| 問い［教材］ | 知識・技能 | 思考力・判断力・表現力等 |
| --- | --- | --- |
| 比例は関数といえるだろうか？小学校のときの比例にはどんな特徴があっただろうか？　変域が負になっても同じ特徴が成り立つだろうか？［水槽に水を入れる時間と水位］ | 比例の定義（式）<br>比例の特徴（表，式） | 比例の特徴とその適用範囲について，統合的・発展的に考察し表現すること<br>2つの数量の関係を抽象化して考察し表現すること |
| 比例定数が負になっても同じ特 | 比例の特徴（表，式） | |

52

| | | |
|---|---|---|
| 徴が成り立つだろうか？［水槽から水を抜く時間と水位］ | | |
| 比例をグラフで表すとどのようになるだろうか？　比例の式とグラフにはどのような関係があるだろうか？ | 座標の意味<br>比例のグラフのかき方<br>比例の特徴（表, 式, グラフ） | 2つの数量の関係を視覚化して考察し表現すること<br>式における比例定数とグラフの概形の関係を考察し表現すること |

## 小単元の問い：反比例は関数といえるのか？　比例の特徴とどう違うのか？

| 問い［教材］ | 知識・技能 | 思考力・判断力・表現力等 |
|---|---|---|
| 反比例は関数といえるだろうか？　反比例にはどんな特徴があっただろうか？　比例とどう違うだろうか？［面積一定の長方形の縦と横の長さ］<br>変域が負になっても同じ特徴が成り立つだろうか？ | 反比例の定義（式）<br>反比例の特徴（表, 式） | 反比例の特徴とその適用範囲について, 統合的・発展的に考察し表現すること<br>2つの数量の関係を抽象化して考察し表現すること<br>反比例の特徴を比例と比較して捉えること |
| 比例定数が負になっても同じ特徴が成り立つだろうか？［水槽から水を抜く時間と水位］ | 反比例の特徴（表, 式） | |
| 反比例をグラフで表すとどのようになるだろうか？　反比例の式とグラフにはどのような関係があるだろうか？ | 反比例のグラフのかき方<br>反比例の特徴（表, 式, グラフ） | 2つの数量の関係を視覚化して捉えること<br>式における比例定数とグラフの概形の関係を考察し表現すること |

## 小単元の問い：身の回りや数学の問題の解決に比例・反比例はどう生かせるのか？

| 問い［教材］ | 知識・技能 | 思考力・判断力・表現力等 |
|---|---|---|
| 時間と距離の関係のグラフから, 未知の値を読み取ることはできるだろうか？［兄と弟が移動した時間と距離］ | 比例のグラフを活用して問題解決する方法 | 具体的な事象と関連づけてグラフを解釈すること<br>未知の値を読み取る方法を考察し表現すること |
| 2つの数量の関係に着目し, 既習の関数とみなして未知の値を予測することはできるか？［ランドルト環］ | 2つの数量の関係を表, 式, グラフで表すこと<br>反比例を活用して問題解決する方法 | 2つの数量の関係を表, 式, グラフで表し, 既習の関数であるとみなして未知の値を求める方法を考察し表現すること |
| 2つの数量の関係に着目し, 既習の関数とみなして未知の値を予測することはできるか？［ランドルト環の視力と外直径, 内直径, 切れ目幅］［初期微動継続時間と震源距離］ | 2つの数量の関係を表, 式, グラフで表すこと<br>比例を活用して問題解決する方法 | 誤差の原因など既習の関数とみなしてよい理由を考慮に入れ, 理想化・単純化して考察し表現すること |

## 授業1（第13時）
# 反比例の特徴

## 1 問題

> 比例定数が負になっても，正のときと同じ反比例の特徴が成り立つだろうか。自分で式を決めて，表や式で表して確かめてみよう。そして，わかったことを伝え合おう。

## 2 活動の流れ

本時は，反比例の特徴を，比例定数が負になったときでも正のときと同じように成り立つかどうかについて，考察し表現することを目標としている。

前時では，面積が一定の長方形の縦を $x$ cm，横を $y$ cm とするとき，$y$ は $x$ に反比例し，このときに $x$ と $y$ の間に成り立つ特徴として，次の①〜④を生徒たちが見いだしてきている。

① $x$ が増えると，$y$ が減る（$x$ の値が負から正に増える場合を除く）。

② $x$ が $t$ 倍になると，$y$ は $\dfrac{1}{t}$ 倍になる。

③ $x$ が1増えても，$y$ は同じ数ずつ増えたり減ったりしない。

④ $x$ と $y$ の積が一定になる（一定の値が比例定数である）。

授業のはじめに，ノートを開くなどして①〜④の特徴が見いだされたことを振り返ったうえで，『これらの特徴はいつでも成り立つかな？』と全体に問いかける。長方形の面積についての事象から数学を抽象化し，比例定数が負のときについてはまだ考察していないことに気づかせ，結果を予想させる。そのうえで上記の問題を提示し，比例定数を負にして自由に決め，まずは生徒に自立的に考えさせる。次に，自立的な活動が4人程度のグループになり（図1），「比例定数を何にしたか？」「①〜④の特徴のうち，どれが成り立ってどれが成り立たなかったか？」「その理由は何か？」を説明し伝え合うように指示する。最後に，結果を全体で共有し，②と③と④は比例定数にかかわらず成り立ち，①は比例定数の符号によって結果が変わることを確認する。また，表を縦に見たり横に見たりする見方がこれまで同様に大切であることを押さえる。

図1　説明し合う様子

## 3 指導と評価のポイント

前時までの小単元「反比例」の流れは，次の通りである。

| 学習内容（時） | 学習活動 |
|---|---|
| 反比例の意味（1） | ・面積が18cm²の長方形の縦と横の長さの関係から，既習である反比例の関係を見いだし，式の形に着目した反比例の定義を理解する。 |
| 反比例の特徴（2） | ・反比例 $y = \dfrac{18}{x}$ や $y = \dfrac{24}{x}$ などに共通して成り立つ特徴を見いだし，理解する。<br>・変域が負の数になっても同じ特徴が成り立つかどうかを確かめ，反比例の特徴の理解を深める。 |

　前時までに $x$ の変域が正（$x > 0$），比例定数が正（$a > 0$）の場合に見いだされた反比例の特徴が，$x$ の変域が負（$x < 0$）になったときにも同様に成り立つかどうか予想し，調べていく。

　そのうえで本時では，比例定数を負にしてそれまでに成り立った特徴が同様に成り立つかどうか予想し，統合的・発展的に考察し表現していく。ある数学的な特徴が成り立つ境界線を意識し，その適用範囲を明らかにするための数学的な探究を期待するのである。

　そのためには，小単元「比例」の学習で類似の活動を経験させておくとよい。具体的には，比例の特徴の学習においてまず，水槽に水を入れ始めてからの時間とそのときの水位の関係から既習である比例の関係を見いだして式で定義し，$x$ の変域が0以上（$x \geqq 0$）で比例定数が正（$a > 0$）の場合でその特徴を見いだしていく。その後，$x$ の変域を負の数を含めて検討し，同じ特徴が成り立つことを認めたうえで，教師が『水を抜いていくと式はどうなるかな？』『比例定数が負になっても同じ特徴が成り立つかな？』と発問し，生徒が表や式を用いて特徴を明らかにしていく活動を設けるようにする。それにより本時では，「前と同じように調べればよい」と方法を類推し，見通しをもって取り組めるようになる。

　また，協働的に学びを進めていく意義を感じられるよう，比例定数をいろいろ変えて調べるという1人では時間と労力のかかる作業を生徒同士で分担し，後で報告して確かめ合うように指示する。それにより目的意識をもって効果的，効率的に考察を進めることができ，反比例の特徴とその適用範囲について後で帰納的に認めやすくする。自分で考察し表現したことを説明し伝え合う必要性が生まれ，各自が活動として何を行って何がわかったかを振り返り，整理する機会が得られるとともに，見いだした結果や説明に含まれる不備やよりよい説明の仕方に気づいたりする場面が数多く表出されていくことが期待される。生徒の中に新たな問いが次々と生まれ，比例・反比例の意味や特徴の理解が深まるとともに，これから関数について学んでいくうえで大切な学び方を体得していくことになる。

　特に $a < 0$ では，特徴①が成り立たないことに気づかない生徒，気づいて驚く生徒が多い。なおその際，グループ活動の前に『後で報告するときにほかの人が考えないような比例定数で考えてみてごらん』などと投げかけておくとよい。$y = -\dfrac{100}{x}$，$y = -\dfrac{0.5}{x}$，$y = -\dfrac{3.14}{x}$ などという特徴的な式で考察する生徒が出ることが予想され，多様性に富んだ活動や，反比例の特徴を生徒たちが帰納的に気づきやすくなることが期待される。

**授業2（第18時）**

# ランドルト環

## 1 問題

マサイ族には，視力が8.0である人もいるといわれています。視力8.0かどうかを測ることのできるランドルト環は，どれくらいの大きさなのだろうか。

## 2 活動の流れ

本時は，現実的な事象から2つの数量を取り出し，表や式を用いてその関係を反比例であるとみなして考察し表現することを目標としている。教材は保健室にある視力検査表のランドルト環を使用する。ランドルト環は被験者の視角を基準につくられていて，すべて相似である。5m用のものでは，視力を $x$，ランドルト環の外側の直径（外直径）を $g$ cm，内側の直径（内直径）を $n$ cm，切れ目の幅（切れ目幅）を $k$ cm とすると，$g = \dfrac{0.75}{x}$，$n = \dfrac{0.45}{x}$，$k = \dfrac{0.15}{x}$ という反比例の関係が成り立つ。8.0のランドルト環がどれくらいの大きさかを知るという問題の解決のために，変数の取り出し，視力検査表からの実測，関係の発見・共有を一連で行う。

まず，生徒の視力についての雑談から視力8.0の話題をもちかけ，生徒の関心を高める。そのうえでどれくらいの大きさか予想を立てさせ，何がわかれば大きさが求められるかと問いかける。「ほかの視力のランドルト環から規則性を見つければ…」という見通しを引き出したうえで，視力検査表を生徒に提示する。『どこの長さがわかればよいのかな？』と問いかけ，生徒とのやり取りの中で外直径，内直径，切れ目幅という変数を取り出し，視力との関係を調べていけばよいことに気づかせる。

その後は，4人程度のグループで3つの変数を分担し，視力との関係を調べさせることにする。例えば，外直径を担当することになった生徒は，自分で視力検査表から視力0.1から視力2.0までの外直径を定規で実測し，表に整理してそれらの対応関係を調べていく。ほかの変数を担当した生徒も同様である。次に，各自が見いだした関係をグループ内で共有させる。その際，なぜそういえるのかという理由を，表や式をもとに説明させるようにする。

最後には，見いだした関係とその理由を全体で共有する。その際，生徒の「ほぼ反比例」「反比例とみなす」といった発言を取り上げ，ぴったり反比例でなかった原因が測定誤差にあることに気づかせ，活動として反比例とみなすことを正当化できるようにする。そのうえで，視力8.0のときの外直径，内直径，切れ目幅を求めさせ，驚きを共有していく。

## 3 指導と評価のポイント

　前時までに，兄と弟が歩いた時間と距離の関係を取り上げ，グラフを用いて具体的な問題を解いたり新たな問題をつくったりしている。現実世界の場面であるが，一次方程式での学習を視覚化して表現したものとして実際の場面を理想化し，ある程度数学化された文章題として扱っている。この上に立ち，本時では，測定誤差を含む現実的な事象を取り上げ，表や式を用いて2つの数量が反比例すると判断し，その理由を説明する機会を設ける。学習過程においては，見通しをもって変数を取り出すこと，生徒の実測値をもとに変数間の関係を調べることを重視する。視力検査表から視力に伴って変わる変数を取り出した後，これらを4人程度のグループで分担し，視力との対応関係を自立的に考察させる。また，外直径などの実測では，視力検査表の上方に位置する視力の高い環から始めることが考えられるが，表には昇順で整理すると過去の学習と結びつきやすくなる。

　本時の学習活動のねらいは，反比例と判断した理由について表や式をもとに説明することにある。例えば，視力 $x$ と外直径 $g$（実測値）の積 $gx$ がほぼ一定になることや，$x$ が $t$ 倍になると $g$ がほぼ $\frac{1}{t}$ 倍になることなどを根拠として，$g$ は $x$ に反比例するとみなすことができ，記述したり他者の記述を読んだりさせたい。ここで，「ほぼ」が気になり，反比例ではないという生徒の声を大切にする。「ぴったり」にならなかった原因を話し合わせることで，測定誤差に焦点が当たり，反比例とみなすという考えをどの生徒も認めやすくなる。単に「反比例っぽければ反比例とみなす」ではなく，「正当化できる理由があるからみなす」という態度を身につけさせたい。併せて，一連の数学的モデリングのプロセスを経験し，このプロセスを振り返って自覚することにより，現実的な事象の問題を解決する方法を理解することも大切である。

　なお，ランドルト環の大きさを固定し，環からの距離と判定できる視力の関係に着目すれば，比例として扱うことができる。また，1.7, 3.0 など自分で視力を決めて独自で環をつくることを課題にすると，文字式で一般化するよさがいっそう実感できる。

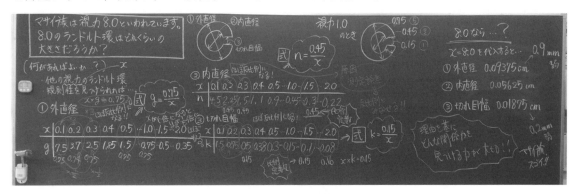

図2　本時の板書

**授業３（第20時）**

# 初期微動継続時間と震源距離

## 1 問題

> 　現在でも震源の特定などに使われている公式があります。新潟県中越地震の７か所における初期微動継続時間（$x$秒間）と震源距離（$y$km）のデータから，これらの間にある関係を見つけよう。

## 2 活動の流れ

　本時は，現実的な事象における２つの数量の関係を，表，式，グラフを用いて表し，比例であるとみなして考察し表現することを目標としている。教材は，1899年に地震学者大森房吉が発見した大森公式を扱う。これは，ある地震において震源距離（観測地点から震源までの距離）が初期微動継続時間（初期微動が始まってから主要動が始まるまでの時間差）にほぼ比例するというもので，比例定数は地域によって７〜８程度になるといわれる。授業では，新潟県中越地震のデータを扱う。この地震では，比例定数が約7.5である。

　地震そのものは，目の前で見て「ここで起きた」と特定できない。しかし，ニュースなどでは，地震の直後にその震源を特定している。そのような話題からどうやって特定しているのかを想像させ，３か所程度の観測地点からの震源距離がわかれば震源が特定できそうであることに気づかせる。そのうえで，大森房吉と彼が発見した大森公式の存在，及び震源距離に初期微動継続時間が関係していることを教師から紹介する。そのうえで，『初期微動継続時間（$x$秒間）と震源距離（$y$km）の間には，どのような関係があるのだろうか？』と問う。

　データと電卓を配付し，これまでに学習した表し方，見方，考え方を用いて成り立つきまりを見いだす。例えば，$x$と$y$の値を表に整理し，表を縦に見ることで$\dfrac{y}{x}$がほぼ一定になること，表を横に見ることで$x$が$t$倍になると，$y$がほぼ$t$倍になることを見いだし，これらから$y$は$x$に比例するとみなすことが考えられる。また，$x$と$y$の値の組を表す点を座標平面上にとり，点の並びに着目する。原点を通る直線上に多くの点が乗ることを見いだし，このことから，$y$は$x$に比例するとみなすことも考えられる。比例定数は表の$\dfrac{y}{x}$の値，直線の傾きとして表されること，さらに理科の学習を踏まえ，ぴったり比例とならない原因が地盤の固さの不均一性などにあることに気づいていく。

## 3 指導と評価のポイント

　前時では，教材「ランドルト環」を扱い，現実的な事象から2つの数量を取り出し，それぞれの数量を実測して集め，表や式を用いてその関係を反比例であるとみなして考察し表現することについて学習している。前時と異なるのは，2つの数量の関係が反比例ではなく比例に関するものであること，扱うデータが実測を伴わないこと，比例することを事象から演繹的に説明がつきにくいこと，比例とみなしてもよい根拠として表や式のほかにグラフが加わることなどが挙げられる。つまり，活動の幅が広がるわけである。

　特に本時では，比例であることを演繹的に説明がつきにくい事象であることに留意する必要がある。もし，式やグラフをもとに「比例とみなすことができる」という意見に全体が流れそうであっても，あえて『**疑問はないかな？**』と問い，「『ほぼ比例』は比例ではないのではないか？」のように違和感をもつ生徒の考えを大切にしたい。この両者の意見の対立を意図的に取り上げることで，「場所によって地盤の固さや地形が異なるから誤差が生まれたと考えられるので，実際は比例になるのではないか？」という止揚された考え方（池田，1999）が引き出されることを期待したい。比例とみなしてもよい理由を，数学的な観点のみならず現実的な観点からも見いだすことにより，本当は比例かどうかわからない事象でも比例とみなしてよいのではないかという正当化の原動力となり得る。その結果，初期微動継続時間から震源距離を推定することができるというよさを生徒は実感できるようになるだろう。

　なお，本時は新潟県中越地震のみのデータを用いたが，1班は中越地震，2班は兵庫県南部地震，…などとグループによって提示するデータを変えて扱うことが考えられる。それぞれで見いだした事柄や根拠を発表する場面を設けることで，どの地震もほぼ比例となること，地盤の固さや地形などによって大森公式の比例定数が異なることに気づきやすくなる。また，授業の最後に，見いだした比例の式を用いて別の近隣の地震の初期微動継続時間から震源距離を求め（推測し），作図により地図上でどの辺りに震源がありそうかを特定することも考えられる。

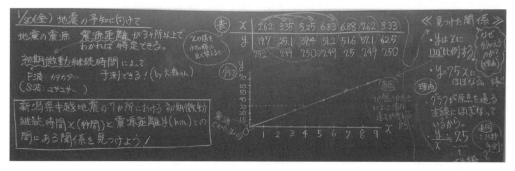

**図3　本時の板書**

〈参考文献〉
・池田敏和（1999）「数学的モデリングを促進する考え方に関する研究」，日本数学教育学会誌数学教育学論究　第81巻　Vol. 71・72，pp.3-18.

# 1年　空間図形 (全17時)

# 3次元の世界でも
# 2次元の世界と同じ性質が成り立つ？

## 1　典型的な単元の流れと目指す単元の流れ

| 典型的な単元の流れ | 目指す単元の流れ |
|---|---|
| [出会う]<br><br>　立体図形の分類を通して，錐体や多面体などについて知る。<br><br>　空間における直線や平面の位置関係を知る。<br><br>　空間図形を直線や平面図形の運動によって構成されるものと捉えられることを知る。<br><br>　空間図形を平面上に表現し，平面上の表現から空間図形の性質を見いだすことができることを知る。<br><br>　球の表面積と体積の求め方を，実験の結果をもとに知る。（△出会う知識・技能が個別的に学ぶため，学ぶ必要性を感じにくく，それぞれを深められない）<br><br>[深める]<br><br>　（△学習した知識・技能が個別的で，深められていない）<br><br>[使う]<br><br>　（△目的に沿って活用する学習場面が2年「文字式」や3年「三平方の定理」までない） | [出会う]<br><br>　柱体の模型づくりや観察を通して，柱体が平面図形の運動で構成されるものとして捉えられることや，直線や平面の位置関係を知る。<br><br>[深める]<br><br>　柱体の表面積と体積の求め方を考察し表現する。実際に求めてみる。<br><br>[出会う]<br><br>　錐体の模型づくりや観察を通して，円錐が平面の運動によって構成されるものであることを知る。<br><br>[深める]<br><br>　錐体の表面積と体積の求め方を考察し表現する。実際に求めてみる。<br><br>[出会う]<br><br>　立体図形の分類を通して，多面体，正多面体，球について知る。<br><br>[深める]<br><br>　様々な空間図形を投影図で表す。球の表面積と体積の求め方を実験から見いだす。<br><br>[使う]　※課題学習<br><br>　具体的な問題の解決に，空間図形の見方や平面上の表現，計量を活用する。 |

# 2 本単元を貫く数学的活動の過程

### ■ 柱体と出会い，深める（B2，B3，B4，X2，X3）

点をある方向に動かすと線分ができ（0次元→1次元），線分を垂直方向に動かすと長方形ができ（1次元→2次元），長方形を垂直方向に動かすと直方体ができる。本単元では，空間図形の典型として，まず柱体を取り上げつつ，三角柱などの模型づくりや観察をもとに，直線や平面の位置関係を確認していく。次に，その他の柱体に発展させ，展開図に表して表面積を求めたり，平面の運動による構成として捉えて体積を求めたりして柱体の理解を深めていく。

このように本単元では，柱体，錐体，球などの図形の計量を各小単元の中核に据え，新たな知識を学んだり既習事項を活用したりしながら，その方法を考察し表現する機会を設ける。

### ■ 錐体と出会い，深める（B2，B3，B4，X2，X3）

柱体を錐体に発展させ，正四角錐や円錐などの模型づくりや観察を通して，錐体とその展開図について理解できるようにし，その表面積の学習につなげていく。円錐と円柱を統合的に捉えて回転体の意味を理解し，1つの円錐の母線の長さはすべて等しいこと，側面がおうぎ形になることに気づけるようにする。おうぎ形の弧と面積は前単元で学習しておき，ここで活用できるようにする。錐体の体積の求め方は，柱体の体積や三角形の面積と関連づけて理解させる。

### ■ 多面体，正多面体，球と出会い，深める（B2，B3，B4，X2，X3）

既習の様々な空間図形に改めて目を向け，構成要素に着目して分類し，多面体や正多面体について理解できるようにする。ここでは1つの頂点に集まる面の数，面の数，辺の数，頂点の数について模型を観察して調べ，図形の性質の美しさにふれたい。例えば，オイラーの多面体定理や正多面体の双対性（図1）がある。

また，立方体，円錐，球などの模型に光を当てた影を観察することで投影図について学び，球の表面積と体積については模型づくりや実験・観察をもとに理解していく。

### ■ 空間図形の見方などを使う（B1，X2，X3）

課題学習として，具体的な問題の解決に本単元で身につけてきた見方や表現方法，計量の仕方などを活用する機会を設ける。その際，身の回りの事象における対象を理想化・単純化し，既習の空間図形とみなす過程が重要である。また，本単元では，2次元と3次元を思考が行き来することがとても重要である。したがって，空間図形を目的に応じて見取図，展開図，投影図，切断図などを選択して表したり，これらを組み合わせたりして考察する機会を設けたい。

■ 単元を通して

　本単元の学習を通して，目的に応じて空間図形を想像したり，それを平面上に表現したものを思い浮かべたりできるようにする。そのためには，生徒の発達段階を考慮し，その後の学年での学習に生かされるように単元を通して模型づくりや実験・観察を大いに重視したい。
　また，2次元と3次元での知識をできるだけ関連づけて理解できるようにしていくことが，確かな知識を形成するうえで重要である。

# 3　単元の一覧表

## 1 目標

○空間図形における直線や平面の位置関係について理解する。基本的な柱体や錐体，球の表面積と体積を求めることができる。
○空間図形を直線や平面図形の運動によって構成されるものと捉えたり，空間図形を平面上に表現して平面上の表現から空間図形の性質を見いだしたりすることができる。
○立体図形の表面積や体積の求め方を考察し表現することができる。

## 2 単元の問い

| 3次元の世界でも2次元の世界と同じ性質が成り立つか？ |
| --- |

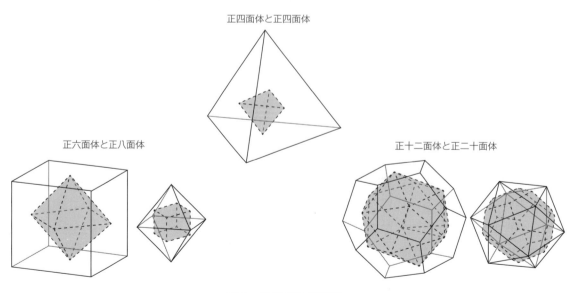

図1　正多面体の双対性

## 3 単元設計のコンセプト

### 小単元の問い：3次元の世界では，直線や平面の位置関係はどうなっているだろうか？

| 問い［教材］ | 知識・技能 | 思考力・判断力・表現力等 |
|---|---|---|
| 三角柱の模型はどうすればつくれるか？ 辺の平行，垂直以外に，どんな位置関係があるか？［三角柱の模型づくり］ | 空間図形における直線や平面の位置関係 | 柱体を平面図形の運動によって構成されるものと捉えること |
| 柱体の表面積，体積を求める方法をまとめられないか？ | 表面積，側面積，底面積の意味柱体の表面積や体積を求めること | 柱体の高さの定義を，用語を用いて表現すること柱体の表面積や体積の求め方を考察し表現すること |

### 小単元の問い：錐体の表面積や体積はどうやって求めればよいのだろうか？

| 問い［教材］ | 知識・技能 | 思考力・判断力・表現力等 |
|---|---|---|
| 錐体の体積を求めるにはどうすればよいか？［正四角錐の模型づくり］［水槽の実験］ | 角錐の展開図錐体の体積を求めること | 錐体の体積の求め方を考察し表現すること |
| 角錐や円錐の表面積を求めるにはどうすればよいか？［円錐の模型づくり］［水槽の実験］ | 回転体円錐の展開図錐体の表面積，体積を求めること | 円錐を平面図形の運動によって構成されるものと捉えること錐体の表面積，体積の求め方を考察し表現すること |

### 小単元の問い：空間図形にはどのように分類されるのか？

| 問い［教材］ | 知識・技能 | 思考力・判断力・表現力等 |
|---|---|---|
| 空間図形はどのように分類されるのか？［立体模型］いろいろな空間図形に光を当てると，どう見えるか？ | 多面体，正多面体，球の意味投影図の意味 | 空間図形を平面上に表現して平面上の表現から空間図形の性質を見いだすこと |
| 球の表面積はどのように求められるか？［紐の実験］球の体積はどのように求められるのか？［水槽の実験］ | 球の表面積を求めること球の体積を求めること | 錐体の表面積の求め方を考察し表現すること球の体積の求め方を考察し表現すること |

### 小単元の問い：身の回りの問題の解決に空間図形はどう生かせるのか？（課題学習）

| 問い［教材］ | 知識・技能 | 思考力・判断力・表現力等 |
|---|---|---|
| 身の回りの問題の解決に空間図形の学習を生かすにはどうすればよいか？［三角帽子］ | | 具体的な問題の解決に，空間図形の見方や平面上の表現，計量を活用すること |

## 授業1（第4時）
# 正四角錐の模型づくり

## 1 問題

右の展開図（図2）からどんな立体ができるだろうか？

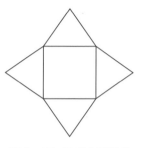

図2　正四角錐の展開図

## 2 活動の流れ

本時は，錐体の体積の求め方を考察し表現することができることを目標としている。

図2の展開図は特殊な正四角錐のもので，その底面の1辺の長さを$a$とすると，側面にある二等辺三角形の等辺は$\frac{\sqrt{3}}{2}a$にしている。1人で1つつくり，6つの模型を図3のようにつなげて図4のように組み立てると，図5のように1つの立方体をつくることができる。

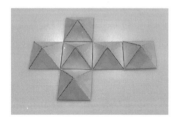  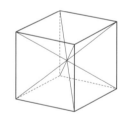

図3　6つの模型をつなげた様子　　図4　つなげた模型を組み立てる様子　　図5　完成した立方体

立方体の体積は$a^3$，正四角錐の体積は$\frac{1}{6}a^3$なので，正四角錐の体積は立方体の体積の6分の1，さらには，正四角錐の体積は同じ高さの正四角柱の体積の3分の1であるということがわかる。なお，図2の展開図は教科書の巻末の付録に載っていることもある。図4と裏返しに組み立てると菱形十二面体をつくることもできる。

授業では，まず四角柱と円柱の模型を生徒に見せ，「これとよく似た立体がある」として四角錐と円錐の模型を見せ，用語「四角錐」「円錐」「錐体」などを紹介して見取図とともに板書

する。そのうえで，図２の展開図の拡大図を黒板に貼り，問題を提示する。予想を立てさせて生徒の関心を高められるようにする。

図２の展開図（底面の１辺は６cm，側面の二等辺三角形の等辺は5.2cm）を１人１つずつ配付し，はさみとセロテープで模型をつくらせる。どの生徒も模型を大体完成させたタイミングで６人で１グループをつくり，『６つの模型をつなげると，どんな立体ができるかな？』と問い，立方体をつくることができることに気づけるようにする。正四角錐の高さを立方体の１辺（６cm）のちょうど半分（３cm）になるように展開図をつくっておいたことを伝え，『体積でどんなことがわかるかな？』と問う。生徒は正四角錐の体積と立方体の体積を比較していく。

模型を観察してわかったことをノートに記述するように指示する。ペアやグループで共有できるようにし，「底面の１辺の半分の高さをもつ正四角錐の体積は，その１辺の長さを辺にもつ立方体の体積の６分の１である」などと表現を洗練させる。

さらに，『この正四角錐の体積を，立方体の高さを半分にした（高さを正四角錐と等しくした）正四角柱の体積と比較すると何がわかるかな？』と問い，「底面と高さが等しければ，正四角錐の体積は正四角柱の体積の３分の１である」という性質を導けるようにする。この性質は，底面が正方形でないと成り立たないわけではない。このことについては，教科書の指導書などに付録としてついている水槽の実験の映像を生徒に視聴させ，ほかの底面や高さのときにも成り立つと推察することを促し，まとめるようにする。

## ３ 指導と評価のポイント

錐体の体積の求め方は，公式を教師から教えてしまいがちな内容の１つである。中学生が既習事項から演繹的に説明できるものではないが，机上の空論にならないよう，実感を伴って理解できるようにしたい。

指導においては，立体図形の模型や実験を観察する過程を大切にする。模型づくりと実験の両方を実際に行うことは授業時数がたりない可能性があるため，それぞれの役割を生徒の想定される探究に適切に位置付けるとよいだろう。

また，模型や実験の観察から見いだしたことを，生徒各自なりの表現で説明することを寛容に認めていきたい。そこでは，稚拙な表現や不足のある表現で構わない。そのうえで，生徒同士で表現を練り合い，「どのような範囲」で「どのようなこと」がいえるのかを統合的・発展的に考察し，帰納的，類推的に推察したことを表現しようとすることで深めたい。もし生徒の表現の中に詳しい専門用語が並んで表現が硬くなったときには，『つまりどういうことなのかな？』と問い，具体的な図形，値でそのことを表現できるようにし，得意な生徒も苦手な生徒も抽象的な表現と具体的な表現を行き来しながら理解が深められるようにする。

授業の最後や次時の最初に，底面積と高さが等しい２つの立体の体積を求める具体的な問題に取り組ませ，生徒自身が理解具合を自己評価できるようにすることも大切である。

## 授業2（第17時）

# 三角帽子（課題学習）

## 1 問題

大晴さんたちは，友人の誕生日パーティーに向けて，参加人数分の三角帽子を色画用紙でつくっていくことになりました。2種類の帽子A，Bのどちらかにしようとまでは決められたのですが，まだ迷っています。2種類の帽子A，Bとは，次のものです。
- 帽子Aの母線は，帽子Bの2倍である。
- 帽子Aの側面をつくるおうぎ形の中心角は，帽子Bの半分である。
- 少なくとも帽子Aは大晴さんの頭のサイズに合っており，ほかの参加者にも合いそうである。

大晴さんは「頭のサイズにまったく合わないものはいやだ」「帽子1個をできるだけ少ない紙でつくりたい」ということを最優先に考えています。大晴さんの考えに沿って，帽子Aと帽子Bのどちらをつくった方がよいかアドバイスをしましょう。

## 2 活動の流れ

本時は，具体的な問題の解決に，空間図形の展開図や計量を活用できることを目標としている。

三角帽子を円錐と見て，帽子Aの側面をつくるおうぎ形の母線の長さや中心角の大きさを適当に決め，問題に含まれる情報をもとに，帽子Bの母線の長さや中心角の大きさを求める。そのうえで，帽子が頭のサイズに合うかどうかをおうぎ形の弧の長さで判断すること，どちらが少ない紙でつくれるかをおうぎ形の面積で判断することに決め，比較する。例えば，帽子Aの側面のおうぎ形の母線を20cm，中心角を120°と仮に定めたときのそれぞれの側面図が図6である。

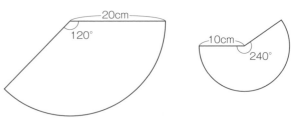

図6　帽子Aの側面図（左）と帽子Bの側面図（右）

$$（帽子Aの弧の長さ）=20\times 2\times \pi \times \frac{120}{360}$$
$$=\frac{40\pi}{3} \quad \cdots ①$$

$$（帽子Bの弧の長さ）=10\times 2\times \pi \times \frac{240}{360}$$
$$=\frac{40\pi}{3} \quad \cdots ②$$

$$(帽子Aの面積) = 20 \times 20 \times \pi \times \frac{120}{360}$$

$$= \frac{400\pi}{3} \quad \cdots ③$$

$$(帽子Bの面積) = 10 \times 10 \times \pi \times \frac{240}{360}$$

$$= \frac{200\pi}{3} \quad \cdots ④$$

よって，①，②より，帽子A，Bの側面のおうぎ形の弧の長さは等しいことがわかる。また，③，④より，帽子A，Bの側面のおうぎ形の面積は，帽子Bの方が帽子Aの半分であることがわかる。したがって，帽子A，Bともに頭のサイズに合っていて，帽子Bの方が少ない紙でつくることができるので，帽子Bをつくった方がよいことになる。

授業では，まず市販の三角帽子（1種類）を生徒に見せたうえで問題を提示し，4人程度のグループで協働的に考えさせる。グループによっておうぎ形の母線の長さと中心角の大きさは適当な値に決めるため，それぞれの解決は異なる大きさの帽子について考察し表現することになる。結果的に結論は同じになるところが生徒にとっては不思議と感じられるかもしれないが，多くの例から帰納的に理解できるようにする。

なお，進んだ生徒は，適当な値ではなく文字を用いることも考えられるが，2年「文字式」の学習で詳しく学ぶので，教師側から全員に要求することはせず，抵抗感をもたないように適当な値で考えさせ，新たな問いとして残しておくとよい。

## 3 指導と評価のポイント

本時は，日常の事象と関連づけた課題学習として，本単元の最後に位置付ける。問題場面にある対象を既知の空間図形とみなし，その図形の構成要素のうちのどこに着目して判断すればよいかを，問題文から情報を選択して判断することで，問題がより数学的に焦点化される。

具体的には，帽子が頭のサイズに合うかどうかをおうぎ形の弧の長さで判断すること，どちらが少ない紙でつくれるかをおうぎ形の面積で判断することを決める。そのうえで，「おうぎ形Bの弧の長さはおうぎ形Aの弧の長さと大きく異なるか？」「おうぎ形Aとおうぎ形Bとではどちらの面積が小さいか？」という数学の問題をつくり，値を適当に設定して解決し，結論を得ていくことが求められる。

指導に当たっては，問題文から必要な情報を整理し，図で表すなど数学化していく過程を重視する。生徒の状況にもよるが，上記の数学の問題をつくる活動は，得意な生徒と教師とでなかば誘導的に進めていくのではなく，生徒同士で話し合う中で進めていけるようにしたい。

解決の見通しが立たない生徒に『頭のサイズに合うかどうか（あるいは，少ない紙でつくれるかどうか）は，図形のどこに着目すればよいかな？』と問いかけたり，おうぎ形の弧の長さや面積の求め方に自信がもてない生徒に『求め方を学習したページはノートのどこにあるかな？』と問いかけたりし，生徒同士で話し合って理解が深まるようにしたい。

**1**年　　データの分布と確率（全15時）

# どうすればデータの傾向を読み取り意思決定できる？

## **1** 典型的な単元の流れと目指す単元の流れ

| 典型的な単元の流れ | 目指す単元の流れ |
|---|---|
| ［出会う］<br>　ヒストグラム，代表値，範囲，相対度数などについて知る。（△出会う知識・技能を個別的に学ぶため，学ぶ必要性を感じにくく，それぞれを深められない）<br>［深める］<br>　（△学年末で授業時数がたりなくなり，学んだ知識・技能の理解を深めるゆとりがない）<br>［使う］<br>　身の回りの問題解決のために，ヒストグラム，代表値，範囲，相対度数などを用いてデータの傾向を考察・判断し，説明する。（△学習した知識・技能が個別的で，深められていないので，活用することができない。授業時数がたりなくなってしまうこともある） | ［出会う］<br>　ヒストグラムなどの必要性と意味を理解する。<br>［深める・使う］<br>　ヒストグラムなどを用いてデータの傾向を批判的に考察し判断する。<br>［出会う］<br>　度数折れ線や相対度数などの必要性と意味を理解する。<br>［深める・使う］<br>　度数折れ線や相対度数などを用いてデータの傾向を批判的に考察・判断し，説明する。<br>［出会う］<br>　累積度数の必要性と意味を理解する。<br>［深める・使う］<br>　累積度数などを用いてデータの傾向を批判的に考察・判断し，説明する。<br>［出会う・深める］<br>　実験を通して統計的確率と大数の法則を理解する。<br>［使う］<br>　相対度数を確率とみなして，事柄の起こりやすさを判断し意思決定する。 |

# 2 本単元を貫く数学的活動の過程

## ■ ヒストグラムや範囲などと出会う（D1，D3，X1，X2）

ヒストグラムは，小学校で柱状グラフとして学習してきている。ここでは，身の回りの問題解決のために，データの分布の様子を視覚化するためにヒストグラムで表し，用語「ヒストグラム」を紹介する。

## ■ ヒストグラムや範囲などを深める，使う（D1，X1，X2，X3）

身の回りの問題解決で批判的に考察することを通して，階級幅を変えたときのヒストグラムの見え方，データの最頻値の必要性と意味，それぞれの代表値の特性，多峰型のデータを層別する必要性などを理解できるようにする。また，複数の集団のデータを比較する中で，分布の範囲，外れ値について理解する。これらを「問題 - 計画 - データ - 分析 - 結論」（Problem-Plan-Data-Analysis-Conclusion；PPDAC）といった統計的解決過程の中で実際に経験できるようにする。

## ■ 度数折れ線や相対度数と出会う（D1，D3，X1，X2）

データの個数が等しい複数の集団のデータや，個数が異なる複数の集団のデータをそれぞれ比較する問題場面を設け，ヒストグラムを重ねたり並べたりして分析することの限界をもとに，度数折れ線や相対度数の必要性と意味を理解できるようにする。

## ■ 度数折れ線や相対度数を深める，使う（D1，X1，X2，X3）

身の回りの問題解決のためにデータを集め，度数折れ線や相対度数など既習の知識・技能を用いてデータの傾向を捉え説明する機会を設ける。その際，自身の解決過程を振り返ったり，他者と説明を読み合ったりして評価・改善し，根拠を明らかにして説明できるようにする。

## ■ 累積度数と出会い，深める，使う（D1，D3，X1，X2，X3）

データの小さい方の階級に含まれる度数に目が向くような身の回りの問題場面を設け，累積度数や累積相対度数の必要性と意味を理解できるようにする。そのうえで，複数の集団のデータの比較に累積度数や累積相対度数を用い，根拠を明らかにして説明できるようにする。

## ■ 統計的確率と出会う（D2，D3，X2）

事柄の起こりやすさを数値化して表す必要のある問題場面を設け，実験などを通して，多数の観察や多数回の試行をもとにした確率の必要性と意味を理解できるようにする。

■ 統計的確率を使う（D2，X1，X3）

身の回りの問題解決のために，過去のデータを集めて相対度数を求め，これを確率とみなして起こりやすさを判断し，意思決定することができるようにする。

■ 単元を通して

身の回りの問題解決を通して，統計的な知識・技能の必要性と意味を理解できるようにし，その後の活用につなげられるようにする。また，自他の解決の過程や結果を振り返り，批判的に考察することを大切にする。生徒が考察・表現する機会を多く設けられるように，コンピュータのフリーソフト（SimpleHist，stathist など）などを使ってグラフ描画などの作業を効率化することも大切である。

# 3 単元の一覧表

## 1 目標

○ヒストグラムや相対度数などの必要性と意味を理解する。
○目的に応じてデータを収集して分析し，そのデータの分布の傾向を批判的に考察し判断することができる。

## 2 単元の問い

> どうすればデータの傾向を読み取り意思決定できるか？

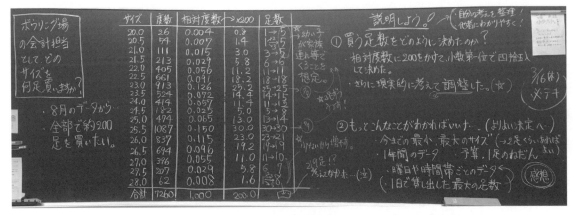

図1　授業「貸し出し靴」の板書（データは平成28年度全国学力・学習状況調査数学B⑤のもの）

## 3 単元設計のコンセプト

**1年　データの分布と確率**

### 小単元の問い：単一の集団のデータの傾向を読み取りたいとき，よい方法はあるか？

| 問い［教材］ | 知識・技能 | 思考力・判断力・表現力等 |
|---|---|---|
| データの中で自分の位置を知るためにはどうすればよいか？［Ruler Catch］ | 度数分布表の必要性と意味<br>ヒストグラムの必要性と意味<br>表やグラフに整理すること | 問題の解決のためにデータを収集し，ヒストグラムなどを用いてデータの傾向を批判的に考察し表現すること |
| データの傾向を読み取るとき，気をつけなくてはいけないことにはどんなことがあるか？［ランチ・ハンバーグ］［図書館］［都道府県別人口］ | 階級幅を変えたグラフの見え方<br>グラフの最頻値の必要性と意味<br>分布の範囲，外れ値の意味<br>単峰性と多峰性の意味<br>それぞれの代表値の特性 | |

### 小単元の問い：複数の集団のデータを比較したいとき，よい方法はあるか？

| 問い［教材］ | 知識・技能 | 思考力・判断力・表現力等 |
|---|---|---|
| データの個数が等しい（異なる）集団を比較するとき，どうすれば比べやすくなるか？［Ruler Catch（他クラスとの比較）（先生との比較）］ | 度数折れ線の必要性と意味<br>度数折れ線に整理すること<br>範囲の必要性と意味<br>相対度数の必要性と意味 | 問題の解決のためにデータを収集し，度数折れ線や相対度数などを用いてデータの傾向を批判的に考察し表現すること |
| 問題の解決のために，データの傾向を読み取ったりこれを説明したりするためにはどのようなことが大切だろうか？［Ruler Catch］ | 統計を活用して問題解決する方法 | |

### 小単元の問い：データを小さい方の階級に着目して分析したいとき，よい方法はあるか？

| 問い［教材］ | 知識・技能 | 思考力・判断力・表現力等 |
|---|---|---|
| データの小さい方の度数を比べるにはどうすればよいか？［お小遣いアップ大作戦］［病院の待ち時間］ | 累積度数の必要性と意味 | 問題の解決のためにデータを収集し，累積度数などを用いてデータの傾向を批判的に考察し表現すること |

### 小単元の問い：起こりやすさの程度を予測したいとき，よい方法はあるか？

| 問い［教材］ | 知識・技能 | 思考力・判断力・表現力等 |
|---|---|---|
| 起こりやすさの程度を数でどのように表せばよいか？［イカサマさいころ］ | 多数の観察や多数回の試行によって得られる確率の必要性と意味 | |
| 起こりやすさの程度を読み取り，予測して意思決定するにはどうすればよいか？［貸し出し靴］ | 統計と確率を結びつけて問題解決する方法 | 多数の観察や多数回の試行結果をもとにして，不確定な事象の起こりやすさの傾向を読み取り表現すること |

授業1（第6・7時）

# Ruler Catch

## 1 問題

> 問1　1年梅組（1U）と3年梅組（3U）とでは，どちらの反応時間が速いといえる
> 　　　だろうか？
> 問2　1年梅組と先生とでは，どちらの反応時間が速いといえるだろうか？

## 2 活動の流れ

　本時は2時間扱いで，問題解決のために収集したデータを分析し，その傾向を批判的に考察し判断できること，及び統計を活用して問題を解決する方法を理解することを目標としている。これまで習得した知識・技能や，説明した学習を生かし，上記の問題に取り組む。

　データの分析にはフリーの統計ソフト「stathist」（栁元新一郎氏らのグループ開発）を使用する。表計算ソフトに入力しておいた実験データを stathist の画面上で貼りつければ，表やグラフ，代表値が表示される。第6時で分析，PC 画面の印刷，説明の記述を行い，第7時で他者と説明を読み合い評価し，分析や説明の仕方を改善しつつ問題2に取り組む。その中で，相対度数の必要性と意味を学ぶ。

## 3 指導と評価のポイント

　単元の導入で，自転車の車間距離を，大人と中学1年生とではどちらの方が空けた方がよいのかという話題から，落下する定規を瞬時につかむ実験「Ruler Catch」を行い，定規が落下した長さ（単位：cm）としてデータを収集してある。第1時では，収集した1年梅組のデータにおける各自の位置を知るための指標を得るために，度数分布表とヒストグラムに整理し，平均値，中央値を求めた。第2・3時では，多様なデータの傾向を捉え説明することを通して，グラフの最頻値，外れ値，分布の多峰性と層別，代表値の特性について学習した。第4・5時では，1年梅組と1年菊組の分布の様子の比較を通して，度数折れ線，範囲について学習した。これらの学習をもとに，第6・7時では複数回のデータの分析及び説明の機会を設け，自他の説明を批判的に検討することを通して，統計的によりよい分析やよりよい説明についての方法知を生徒に気づかせ，整理させていきたい。

　stathist を操作して分析する問1に当たっては，PC 操作に不慣れな生徒には得意な生徒を隣に配置し，円滑に進められるようにする。何をどのように分析，説明すればよいか迷ってい

る生徒には，前時までのノートを開かせ，関係しそうな既習内容を探させるとよい。生徒が説明の根拠として用いたいグラフや代表値などを画面に表示できたらこれを印刷し，根拠と結論をその用紙に直接書かせ，効率的に記録できるように留意する。

　また，第7時の相互評価に当たっては，「傾向が読み取りやすいグラフか？」「根拠は妥当か？」「根拠は明確に示されているか？」など評価の視点を定めて批判的に意見交換をさせるようにする。そのうえで例えば，『統計的な説明で大切なコツにはどんなことがあるだろうか？』と問いかけて気づいたコツを発表させて共有したり，生徒が気づいてないものは教師から提示したりし，自他の経験と結びつけて統計的な分析や説明の方法知を理解できるようにする。

　さらに，第7時の問2に当たっては，ノートに記述した上記の方法知を意識させながら分析，説明に取り組ませるようにする。それにより，経験を通して，分析と説明の質を確実に高め，自身の成長を実感することができる。例えば図2の生徒は，問1では相対度数折れ線を用いるものの階級幅が小さく，傾向が読み取りにくくなっている。また，代表値は何を用いるか迷っている様子もうかがえる。「分布全体を見て外れ値の有無を調べること」「代表値などは値やその差を書くとよいこと」「代表値などは複数用いるとよいこと」「グラフは階級幅を変えて見やすくするとよいこと」などを記録している。これらを生かし，問2では代表値とその用い方やグラフの階級幅の設定などに改善が見られる。

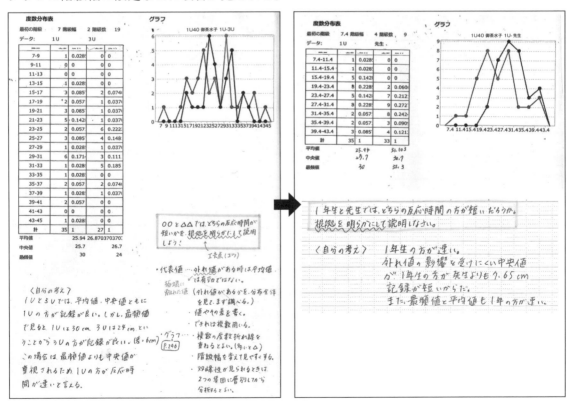

図2　問題1の説明の自己評価，相互評価を通して，問題2の説明が改善された様子

授業2（第10時）

# 病院の待ち時間

## 1 問題

> ゆりさんは2つの耳鼻科A，Bのうち，待ち時間の短そうな方を選んで通おうとしています。次の度数分布表は，ゆりさんが通おうとしている曜日・時間帯に，耳鼻科A，Bのそれぞれで受診した患者さん一人ひとりの待ち時間のデータを整理したものです。
>
> この表から，「待ち時間が短かった患者さんが多かったのは，どちらの耳鼻科か」を，学習した専門用語や値を用いて説明しなさい。

| 階級（分間） | 耳鼻科A | | 耳鼻科B | |
|---|---|---|---|---|
| | 度数 | 相対度数 | 度数 | 相対度数 |
| 以上 未満<br>5−15 | 6 | 0.07 | 8 | 0.06 |
| 15−25 | 13 | 0.15 | 15 | 0.11 |
| 25−35 | 21 | 0.24 | 27 | 0.20 |
| 35−45 | 23 | 0.26 | 36 | 0.27 |
| 45−55 | 14 | 0.16 | 23 | 0.17 |
| 55−65 | 7 | 0.08 | 16 | 0.12 |
| 65−75 | 4 | 0.05 | 7 | 0.05 |
| 合計 | 88 | 1.00 | 132 | 1.00 |

## 2 活動の流れ

　本時は，累積相対度数を用いてデータを分析し，批判的に考察し判断できることを目標としている。上記の問題では，耳鼻科A，Bの各データの個数が異なるので，比較するには相対度数，あるいは累積相対度数で比較する必要がある。15分未満の相対度数はAが0.07，Bが0.06で差がほぼ変わらない。しかし，累積相対度数で見ると25分未満ではBが0.05小さく，35分未満ではBが0.09小さい。本時では，自ら基準を決めて累積相対度数で分析し，第6・7時で学んだ説明の方法知を生かして説明させる。なお，本教材は確率の素地にもつながるものである。

　授業では，似たような病院が2つあったときに，どちらにいくかを決める要因を問い，その1つとして待ち時間の短さを引き出したうえで，問題を提示し，必要に応じて電卓を配付して説明を記述させる。その後，考えをグループなどで共有し，これまでに学習した統計的な用語や方法知を説明に活用できているかを相互評価して改善させるようにする。

## 3 指導と評価のポイント

前時では，主人公（大介君）が小遣い2000円からさらに額を上げてもらえるように，同級生に調査をして約130人分の月額データをもとに「いかに自分の金額が同級生に比べて低いか」を主張するという活動を設けた。冒頭では，平均値で親を説得しようとしたが，外れ値に左右されるから当てにならないと一蹴される場面を紹介してある。したがって，平均値以外を根拠にして主張することになり，多くの生徒が累積度数や累積相対度数につながる考えをもとに，主張を考えていた。この過程を振り返り，累積度数と累積相対度数の必要性と意味について指導した。

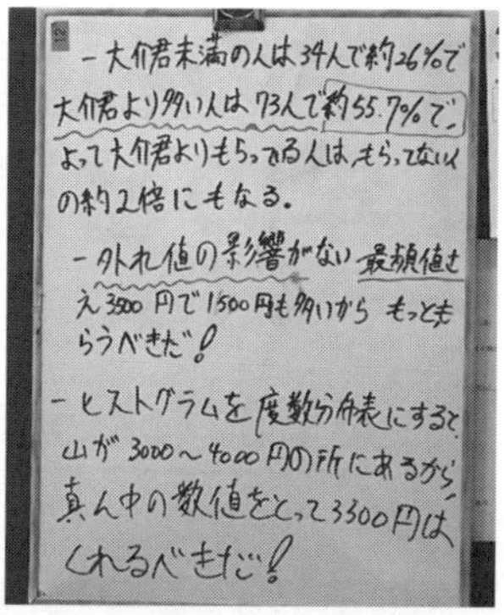
ー大介君未満の人は34人で約26%で
大介君より多い人は73人で約55.7%で，
よって大介君よりもらってる人は，もらってない人の約2倍にもなる。
ー外れ値の影響がない最頻値をとると3500円で1500円も多いから もっともらうべきだ！
ーヒストグラムを度数分布表にすると山が3000～4000円の所にあるから，真ん中の数値をとって3500円はくれるべきだ！

図３　前時の記述

本時の指導に当たっては，前時では主人公の小遣いの金額2000円を基準に設定した経験をもとに，自由に基準を検討させるようにする。前時は単一の集団のデータを分析したが，本時は２つの集団のデータを比較するため，基準の設定や比較に幅広い思考が必要となる。なぜその基準に設定したかをいえるように，必要に応じて机間指導で声をかけていくようにしたい。

また，説明の記述においては，既習の方法知を活用できるようにする。説明する際の方法知が活用できない生徒には，実際にノートを開いて振り返らせ，記述に生かせるようにする。図４の生徒は，35分未満の累積相対度数の差に着目して記述している。それだけでなく，階級値を度数にかけるなどして大体の平均値を求め，その差にもふれて比較して記述している。進んだ生徒には，よりよい問題解決に向けて，批判的に考察することを積極的に勧めたい。

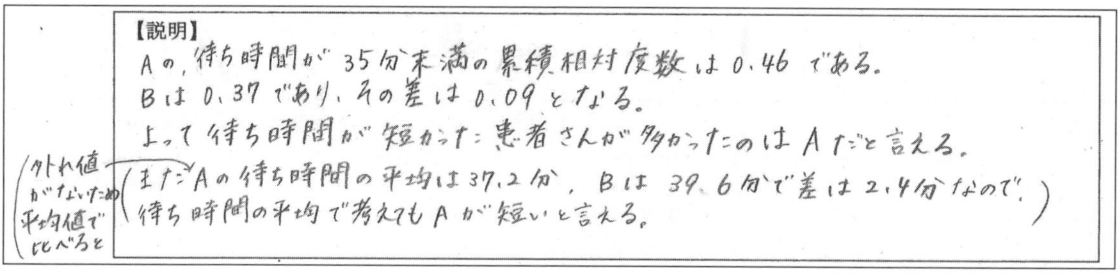
【説明】
Aの，待ち時間が35分未満の累積相対度数は0.46である。
Bは0.37であり，その差は0.09となる。
よって待ち時間が短かった患者さんが多かったのはAだと言える。
（外れ値がないため平均値で比べると）
（またAの待ち時間の平均は37.2分，Bは39.6分で差は2.4分なので，
待ち時間の平均で考えてもAが短いと言える。）

図４　累積相対度数の差と大体の平均値の差に着目して説明した記述

なお，図５の感想では，目的に応じて根拠を選択することの重要性が述べられている。このような姿を目指したい。

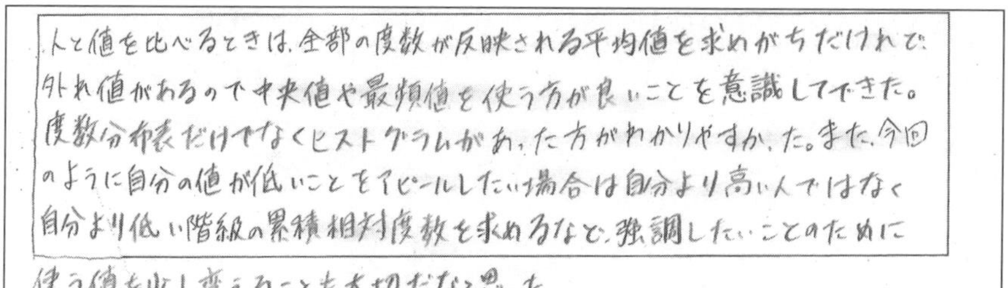
人と値を比べるときは，全部の度数が反映される平均値を求めがちだけれど，外れ値があるので中央値や最頻値を使う方が良いことを意識してできた。度数分布表だけでなくヒストグラムがあった方がわかりやすかった。また，今回のように自分の値が低いことをアピールしたい場合は自分より高い人ではなく自分より低い階級の累積相対度数を求めるなど，強調したいことのために使う値を少し変えることも大切だなと思った。

図５　本時を終えた感想についての記述

# **2**年 **文字式** （全17時）

# 文字の種類や個数が増えても
# １年のときと同様に計算できる？

## **1** 典型的な単元の流れと目指す単元の流れ

| 典型的な単元の流れ | 目指す単元の流れ |
|---|---|
| [出会う・深める]<br>　単項式，多項式，次数，同類項について理解する。（△学ぶ意義がわかりづらい）<br>　多項式の加減の計算の仕方を理解する。多項式の加減の計算をする。 | [出会う・深める]<br>　同類項とその計算の仕方を理解する。式の値を手際よく求める方法を理解する。多項式の加減の計算をする。同類項について理解する。単項式と多項式について理解する。 |
| [出会う・深める]<br>　多項式と数の乗除の計算の仕方を理解する。多項式と数の乗除の計算をする。 | [出会う・深める]<br>　多項式と数の乗除の計算の仕方を理解する。多項式と数の乗除の計算をする。 |
| [出会う・深める]<br>　単項式の乗除の計算の仕方を理解する。単項式の乗除の計算をする。 | [出会う・深める]<br>　単項式の乗除の計算の仕方を理解する。単項式の乗除の計算をする。次数について理解する。式の値を手際よく求める。 |
| [出会う・深める]<br>　式の値を手際よく求める方法を理解する。式の値を手際よく求める。（△式の値を学ぶ意義がわかりづらい） | |
| [使う]<br>　数や図形の性質が成り立つことを，文字式を用いて説明する。 | [使う]<br>　数や図形の性質が成り立つことを，文字式を用いて説明する。 |
| [出会う・深める]<br>　目的に応じて等式を変形する方法を理解する。目的に応じて等式を変形する。（△等式を変形する目的を感じにくい。どこでどう使われるのかがわかりづらい） | ※等式変形は単元「連立方程式」で学習することにする。 |

# **2** 本単元を貫く数学的活動の過程

## ■ 多項式の加減の計算，多項式と数の乗除の計算と出会い，深める（A2，A3，A4，X2，X3）

具体的な事象の問題を解決する機会を設け，多項式の加減の計算をする必要性に気づけるようにする。生徒の素朴な発想を大切にし，誤りのある考えを含めて多様な考えを引き出して取り上げる。各考えの妥当性を検討するためにもとの式と結果の式に適当な値を代入し，式の値が等しくなるかどうかを調べる。このような過程を通して，文字の種類や個数が増えても1年のときと同様に，項における文字の部分がまったく同じかどうかに着目して同類項をまとめていくことが大切であることを確認していく。なお，式の値の学習は，生徒にとって唐突に進められることが多いが，上記のように具体的な問題解決過程に位置付け，有意味な行為として経験させたい。また，同類項の計算を，長方形の面積図を使って捉え直し，多項式と数の乗除にまで発展させて1年のときと同様に分配法則が成り立つことを確認していく。

## ■ 単項式の乗除の計算と出会い，深める（A2，A4，X3）

具体的な事象の問題を解決する機会を設け，単項式の乗除を計算する必要性に気づけるようにする。立式できれば，既習事項を用いてどのように計算すればよいかについて生徒は考えていけるだろう。1年での学習を振り返り，比較することで，文字の種類や個数が増えても1年のときと同様に計算できることに気づけるようにする。また，式の値を求める練習をする。

## ■ 計算を数や図形の性質の説明に使う（A2，A3，X1，X2，X3）

具体例から数や図形の性質を生徒が帰納的に見つけ，いつでも成り立つことを演繹的に説明するために，文字を用いた一般的な表現を活用することができることを徐々に理解できるようにする。ここでは，説明の細かい形式には過度にこだわらず，生徒が無理なく文字のよさや用い方についての理解を深め，3年での学習につなげていくことが大切である。

その過程において，例えば，自然数までしか成り立たないのか，負の数や0を含む整数でも成り立つのか，小数を含めたすべての数でも成り立つのかなど，見いだした性質がどの集合まで成り立つのかを意識させ，統合的・発展的に考察し，数学的な探究の楽しさにふれたい。

## ■ 単元を通して

具体的な問題を通して新たな計算に出会い，その方法を考える過程で，それまでの学習を振り返り，1年と比べてどのような計算ができるようになってきたか，また逆に，まだどのような計算ができないのかを明らかにし，計算できる範囲が広がっている実感をもてるようにしていく。また，文字式と図的表現との関連づけを大切にして，理解を深めたい。

# 3 単元の一覧表

## 1 目標

○具体的な事象の数量関係を文字で表したり意味を読み取ったりして，簡単な整式の加法と減法，単項式の乗法と除法の計算の仕方を考察し，正しく計算することができる。
○文字式を具体的な場面で活用し，文字式で数量や数量の関係を捉え説明することができることを理解する。

## 2 単元の問い

> 文字の種類や個数が増えても1年のときと同様に計算できるか？

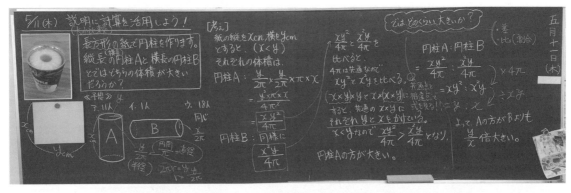

図1　図形の性質（大小関係）の説明の授業「2つの円柱（巻きつけ）」の板書

図2　図形の性質（相等関係）の説明から統合的・発展的考察につなげた授業「的当て」の板書

## 3 単元設計のコンセプト

### 小単元の問い：多項式の加減の計算はどうすればよいのか？　多項式と数の乗除の計算は 1 年と同じようにしてよいのか？

| 問い［教材］ | 知識・技能 | 思考力・判断力・表現力等 |
|---|---|---|
| 縦長の長方形を，軸を中心に 1 回転してできる 2 種類の円柱の表面積は，どちらがどのくらい大きいだろうか？［2 つの円柱（回転体）］ | 式の値，同類項，単項式，多項式の意味<br>多項式の加減の計算の仕方 | 文字式を具体的な場面で活用すること<br>多項式の加減の計算の方法を考察し表現すること |
| 多項式の加減の計算を練習しよう。 | 多項式と多項式の加減の計算 | |
| 多項式と数の乗除の計算は 1 年と同じようにできるのか？ | 多項式と数の乗除の計算 | 多項式と数の乗除の計算の仕方を考察し表現すること |

### 小単元の問い：単項式の乗除の計算はどうすればよいのか？

| 問い［教材］ | 知識・技能 | 思考力・判断力・表現力等 |
|---|---|---|
| 縦長の長方形を，軸を中心に 1 回転してできる 2 種類の円柱の表面積は，どちらがどのくらい大きいだろうか？［2 つの円柱（回転体）］ | 単項式の乗除の計算の仕方 | 文字式を具体的な場面で活用すること<br>単項式の乗除の計算の方法を考察し表現すること |
| 単項式の乗除の計算を練習しよう。 | 単項式の乗除の計算 | |
| 式の値を手際よく計算する練習をしよう。 | 式の値の手際のよい計算 | 式の値の求め方を工夫し表現すること |

### 小単元の問い：数や図形の性質がいつでも成り立つことを説明するにはどうすればよいか？

| 問い［教材］ | 知識・技能 | 思考力・判断力・表現力等 |
|---|---|---|
| 数の性質を説明するにはどうすればよいだろうか？［3 つの連続する整数の和］［位の数を入れ替えた自然数の差］ | 文字式で数量や数量の関係を捉え説明できること | 数や図形の性質を説明するために，文字式の計算を活用すること<br>数や図形の性質を統合的・発展的に考察し説明すること |
| 図形の性質が成り立つことについても，文字を用いれば数の性質と同様に説明できるだろうか？［2 つの円柱（巻きつけ）］［的当て］ | | |

# 授業1（第1時）

# 2つの円柱（回転体）

## 1 問題

縦が $x$ cm，横が $y$ cm の長方形で，円柱アと円柱イをつくります。
　円柱ア：辺BCを軸として1回転してできる円柱
　円柱イ：辺DCを軸として1回転してできる円柱
$x > y$ のとき，円柱アと円柱イの表面積は，どちらがどの程度大きいだろうか？

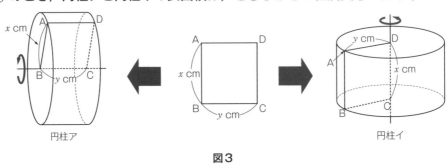

図3

## 2 活動の流れ

本時は，具体的な数量の関係を，文字式を用いて表現することができるとともに，文字式の計算を考える必要性を理解することを目標としている。

上記の問題で，円柱アの表面積は $2\pi x^2 + 2\pi xy$（①），円柱イの表面積は $2\pi y^2 + 2\pi xy$（②）より，どちらがどの程度大きいかを知るには，その差（①－②）を考察すればよい。

$(2\pi x^2 + 2\pi xy) - (2\pi y^2 + 2\pi xy)$
$= 2\pi x^2 + 2\pi xy - 2\pi y^2 - 2\pi xy$　　　（かっこを外した）
$= 2\pi x^2 - 2\pi y^2 + 2\pi xy - 2\pi xy$　　　（加法の交換法則を使った）
$= 2\pi x^2 - 2\pi y^2$　　　　　　　　　　　　（$2\pi xy$ が消去された）

側面積が等しくなり，表面積の差は底面積の差と等しくなる。この後，生徒は「$2\pi$ が消去されて差は $x^2 - y^2$ になる」「$2\pi$ と二乗が消去されて差は $x - y$ になる」「差はこれ以上計算できない」などと考えることが予想される。$x^2 - y^2$ や $x - y$ が正しいかどうかは，適当な $x$，$y$ の値を代入して式 $(2\pi x^2 + 2\pi xy) - (2\pi y^2 + 2\pi xy)$ の値，式 $2\pi x^2 - 2\pi y^2$ の値，$x^2 - y^2$ の値，$x - y$ の値などを比較してみれば見当がつく。

上記の問題の答えだけでは，生徒は満足できないかもしれない。しかし，「この問題では最

後に加減の計算ができなかったが，どんな場合ならできるのか？」に問いを向けていく。それにより，項の文字や係数に着目し，同類項でまとめていくことの大切さに気づけるようにする。

なお，問題の「表面積」を「体積」に変えて発展的に扱うと，単項式と単項式の乗除の学習に生かせる。円柱アの体積は $\pi x^2 y$，円柱イの体積は $\pi xy^2$ である。その差はこれ以上計算できないが，商は計算できる。$\pi x^2 y \div \pi xy^2 = \dfrac{x}{y}$ より，体積比は辺の比 $x : y$ と等しいことがわかる。

## 3 指導と評価のポイント

本単元の導入として，上記の問題を扱う。直観的に結果が予想しにくく，空間図形の問題である。2年では1年の学習と異なり，文字の種類が多く増えることを意識させたい。

指導においては，まず生徒にゆさぶりをかけるために，判断に迷うような正方形にやや近めの長方形の画用紙を見せるなどし，回転体として2種類の円柱を構成することを示す。そして，『表面積はどちらが大きいかな？』と直観によって予想させ，関心を高められるようにする。大小比較のために差の正負を調べる経験は，生徒はこれまでにほとんどないと考えられるため，生徒とのやり取りを通して，無理のないように教師が誘導することが大切である。

また，計算を進めていく場面では，生徒の自由な発想で結果を考えさせるようにする。机間指導では，決定的な誤り以外にはあえてふれず，結果的な誤りを含めた多様な反応をできる限り並列的に取り上げるようにする。そのうえで，『どうすれば正しいかどうかを確かめられるかな？』と問い，「もとの式とあとの式の $x$，$y$ に適当な値を代入し，式の値を求めて比較すればよい」という考えにつなげたい。1年「つまようじの本数（1）」の授業（本書 p.44）と類似した展開であるが，そこでは本数の求め方によって多様な式が出されていたのに対し，今回は誤りのある考えを意図的に取り上げる。誤りのある考えが正しい考えと対比されたおかげで，本時の学びは深まることとなる。人権上の配慮にも留意したい。

さらに，計算の結果の妥当性を検討するために，式の値を求められるようにすることが大切である。方程式の学習では，得られた解の妥当性を検討するためにもとの式の文字に解を代入し，左辺や右辺の式の値を求めて確かめる。本時においても，計算の形式的な操作が正しく行われているかどうかの確かめとして，式の値を求めることを自然な流れで取り入れ，今後活用できるようにしたい。なお，式の値を求めることは1年で既習である。本単元では，計算前の式（もとの式）の値と計算後の式（同類項をまとめるなどした式）の値とが等しいことを知り，式の値を能率よく計算する工夫を学べるようにする。本時だけでは式の値を求める技能の習得は不十分であるため，別にその機会を設けたい。

なお，本時は，1年で既習の空間図形について学び直す機会である。必要に応じて，フリーハンドの見取図や展開図に長さを書き入れるなどし，無理なく考察できるようにする。

授業2（第8時）

# 3つの連続する整数の和

## 1 問題

3つの連続する整数の和は真ん中の数の3倍になることを説明しよう。

## 2 活動の流れ

　本時は，文字を用いた式で数量及び数量の関係を捉え説明できることを理解することを目標としている。最も小さい整数を $n$ とすると，3つの連続する整数の和は，

$$n + (n + 1) + (n + 2) = 3n + 3 = 3(n + 1)$$

となり，$n + 1$ は真ん中の数なので，$3(n + 1)$ は真ん中の数の3倍であることがわかる。

　授業では，教師が提示する例から生徒が成り立ちそうな数の性質を帰納的に予想する。その性質をどのように表現すればよいか，どんなときでも成り立つことをどうすれば説明できるかについて考えていく。

## 3 指導と評価のポイント

　本時は，「文字式の活用」小単元の第1時である。新学習指導要領では，3年の思考力，判断力，表現力等に「文字を用いた式で数量及び数量の関係を捉え説明すること」とあるが，2年は知識及び技能に「（略）説明できることを理解すること」とある。つまり，数や図形などの性質を説明する学習で，文字式を用いた一般的な表現を検討する学習を通して，文字式のよさや用い方の理解を徐々に深めていくことが2年のねらいなのである。

　指導に当たっては，具体例から成り立つ性質を生徒が予想し，性質についての理解を促し，説明への動機づけが得られるようにする。

　本時では，適当に生徒を指名して好きな整数をいわせる。例えば，「7」といったら筆者が「7　8　9」とまず板書し，一呼吸置いてから演算記号を加えて「7 + 8 + 9」，生徒の反応を受けて「= 24」とした。あと2例出した辺りで，生徒たちは「わかった！」「3の倍数」など口々にいい始める。このようなつぶやきをもとに，成り立ちそうな数の性質を命題の形で表現できるようにする。とはいえ，生徒たちは慣れていない。そこで，筆者は命題の仮定部と結論部を別々に分け，それぞれを生徒なりに表現させて図4のように黒板の左端に板書した。その後，「自然数」か「整数」かについてなど，負の数や0などでも試して成り立ちそうなことを確かめた。このような過程を通して，その性質がどの範囲まで成り立つのかについて統合

82

的・発展的に考えていける。そのうえで「連続する」など生徒が使い慣れていない表現を紹介しつつ，命題の形で表現し共有した。

　説明の書き方については，生徒の思い思いの表現で，まずは記述させることが大切である。文字の別の置き方についてもふれることで，文字で何を表したのかを説明の中で書くことが大切であることを指導したい。このことは，これまでの方程式の学習でも経験している。また，抽象的な文字式での表現と具体的な数での表現，生徒が考えたり教科書に載ったりしている図での表現を行き来して，実感を伴って理解できるように留意する。

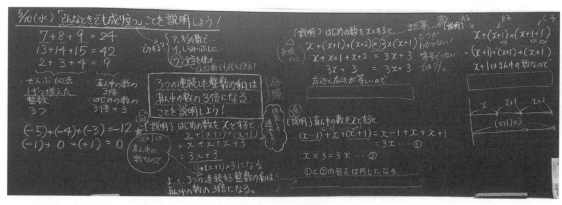

**図4　本時の板書**

　なお，本時で取り上げた命題では，説明の中で「3つの連続する整数の和」を①，「真ん中の数の3倍」を②として別々に計算し，これらが等しくなることから命題が真であることを示している。この説明の仕方は，大小比較の説明（例えば，本書p.78の図1）においてもよく使われるもので，見通しをもって式を「3×（整数）」の形などに変形する説明の仕方に比べて，生徒にとっては平易である。したがって，本小単元では，まず上記の①，②の相等関係で説明する仕方を扱い，文字式で一般的に説明できることのよさを味わわせ，次に例えば，命題「2けたの自然数と，十の位と一の位を入れ替えてできる自然数の和は11の倍数になる」（図5）のような，見通しのある式変形が必要な説明の仕方を取り上げるとよい。

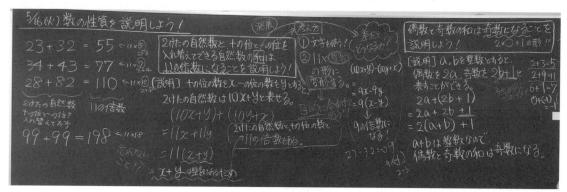

**図5　次時の板書**

**2**年　**連立方程式**（全16時）

# ２種類の未知数を含む方程式は
# どうすれば解ける？

## **1** 典型的な単元の流れと目指す単元の流れ

| 典型的な単元の流れ | 目指す単元の流れ |
|---|---|
| [出会う]<br><br>　具体的な問題の解決において，二元一次方程式を立て，解の一部を表で整理して２つの変数の対応関係を考察する。（△$x$の値から$y$の値を求める際に等式変形が有効な場面であるが，あまりふれられない）<br>　二元一次方程式とその解を理解する。連立二元一次方程式とその解の意味を理解する。<br><br>[深める]<br><br>　連立方程式の解き方を考える。（△　等式変形を前単元で学ぶ際，その必要性が感じられないため，活用可能な知識となっていない）<br>　連立二元一次方程式を手際よく解く。やや複雑な連立二元一次方程式の解き方を考える。<br><br>[使う]<br><br>　具体的な問題に連立二元一次方程式を活用する。 | [出会う]<br><br>　具体的な問題の解決において，二元一次方程式を立て，解の一部を表で整理して２つの変数の対応関係を考察する。その際，$x$の値から$y$の値を求めるために等式を「$y$＝」の形に変形することを通して，等式変形の必要性と意味を理解する。<br>　二元一次方程式とその解を理解する。連立二元一次方程式とその解の意味を理解する。<br><br>[深める]<br><br>　等式変形を１つのツールとして用いながら，連立二元一次方程式の解き方を考える。<br>　連立二元一次方程式を手際よく解く。やや複雑な連立二元一次方程式の解き方を考える。<br><br><br>[使う]<br><br>　具体的な問題に連立二元一次方程式を活用する。 |

# 2 本単元を貫く数学的活動の過程

## ■ 二元一次方程式，連立二元一次方程式と出会い，深める（A1，A4，X2）

　1年では，未知数が1つあるとき，一元一次方程式を立てて解くことによりそれが得られるということを理解している。本単元では，未知数が増えた場面について考えていく。

　まず，生徒が2つの未知数を明らかにしたくなるような具体的な問題場面を設定し，試行錯誤や直観で求めることが困難であることを理解させる。そのうえで，問題場面における2つの条件から2つの方程式を立て，それぞれを満たす$x$，$y$の値の組を挙げていく。その際，値の組を表に整理するとわかりやすいこと，方程式を「$y =$」に変形することで表に整理しやすくなること，2つの表で共通の$x$，$y$の値の組が問題の答えになることに気づかせる。そして，一連の解決を振り返り，二元一次方程式とその解，連立二元一次方程式とその解の意味を理解させる。

## ■ 連立二元一次方程式を深める（A2，A3，A4）

　問題場面から連立二元一次方程式を立てて，表から解を見つける方法は手間がかかる。また，勘と暗算で解の見当をつける方法は個人差や限界がある。そこで，解を能率よく求めるために，演繹的に計算して解を得る方法を考える。その際，等式の性質などをもとに，文字を消去して一元一次方程式をつくればよいことに気づかせる。また，文字の係数の絶対値がそろっていないときや，2つの式の形が異なるときを取り上げ，能率的な方法を統合的・発展的に考察し，加減法や代入法，等置法などを学ぶ。よりよい方法を見いだそうとする態度につなげたい。

## ■ 連立二元一次方程式を使う（A1，X2，X3）

　料金，速さ，割合など多様な文脈，数量の具体的な問題に取り組むことで，その解決に連立二元一次方程式を活用できるようにする。一次方程式で解くことのできる問題を意図的に取り上げ，一次方程式で解く方法と連立方程式で解く方法とを対比してそれぞれのよさに気づかせることが，既習との関連づけや学習内容の活用の観点から大切である。また，問題と問題によっては，それぞれの文脈や量が違っていても，抽象化すると本質的には同じであるものがある。練習問題に取り組む機会を単に多く設けるのではなく，その式や図からその本質的な共通性に気づかせることは，統合的・発展的に考える力の育成の観点から重要である。

## ■ 単元を通して

　本単元を通して，未知数が複数あるときに，どうすれば求められるかについて考えていく。未知数を数学的に求める場面が，それまでよりも広がっていることに気づかせ，連立二元一次方程式の有用感をもたせたい。また，立式さえできれば，あとは形式的に解くだけで2つの数

量を求めることができるという方程式のよさを実感させたい。なお、具体的な問題を解決する過程では、文字で置く数量を選択し表現すること、問題に照らして解を吟味し表現することを重視し、その後の一次関数や3年の二次方程式の学習につなげられるようにする。

# 3 単元の一覧表

## 1 目標

○連立二元一次方程式（以下，連立方程式）とその解の意味を理解し，能率的に解くことができる。
○連立方程式を具体的な問題の解決に活用することができる。

## 2 単元の問い

2種類の未知数を含む方程式はどうすれば解けるか？

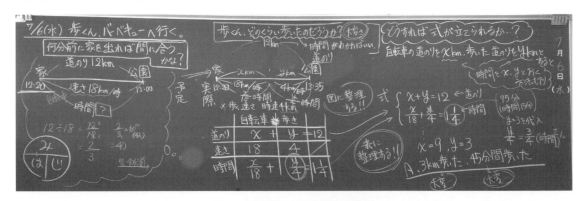

図1　授業「速さの問題」の板書

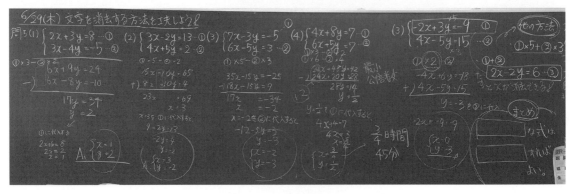

図2　授業「文字を消去する方法」の板書

## 3 単元設計のコンセプト

### 小単元の問い：2つの未知数は求められるか？

| 問い［教材］ | 知識・技能 | 思考力・判断力・表現力等 |
|---|---|---|
| 2つの未知数を求める方法は何かないだろうか？［佐々立て］ | 目的に応じて等式を変形すること<br>二元一次方程式とその解の意味<br>連立方程式の必要性と意味<br>連立方程式の解の意味 | 連立方程式の解を表から考察すること |

### 小単元の問い：2つの未知数を論理的に求めるにはどうすればよいか？

| 問い［教材］ | 知識・技能 | 思考力・判断力・表現力等 |
|---|---|---|
| 二元一次方程式を論理的に解くにはどうすればよいか？［佐々立て］ | 簡単な連立方程式の計算（加減法） | 一次方程式と関連づけて，連立方程式を解く方法を考察し表現すること |
| 2つの二元一次方程式の文字の係数がそろっていないとき，どうすれば能率的に解けるか？［買い物の問題］ | 簡単な連立方程式の計算（加減法） | |
| 未知数が3つあるとき，どうすればよいか？［買い物の問題（発展）］ | やや複雑な連立方程式の計算 | 三元一次連立方程式の解き方を，工夫して能率的に解く方法を考察し表現すること |
| 式の形が異なるときやかっこがついているとき，どうすればよいか？ | 簡単な連立方程式の計算（代入法）<br>やや複雑な連立方程式の計算 | 一次方程式と関連づけて，連立方程式を解く方法を考察し表現すること |

### 小単元の問い：連立方程式は具体的にどのような場面で活かせるのか？

| 問い［教材］ | 知識・技能 | 思考力・判断力・表現力等 |
|---|---|---|
| 文章題の解決には一次方程式を用いた場合と連立方程式を用いた場合とでは，それぞれどんなよさがあるか？［買い物の値段の問題］ | 連立方程式のよさ | 文章題を解決するための多様な方法を比較して考察すること<br>連立方程式を具体的な場面で活用すること |
| 連立方程式を活用して問題を解く過程をどう説明すればよいか？［人数と料金の問題］ | 連立方程式を活用して問題解決する方法 | |
| いろいろな問題を解いてみよう。［速さの問題］［割合の問題］［濃度の問題］［大人と子供の料金差］ | | |

**授業1（第1時）**

# 佐々立て

## 1 問題

　江戸時代の遊び「佐々立て」を今から行います。皆さんがこちらを見ていない状態で，私は30枚のコインを左右それぞれの皿に同じ個数ずつ入れていきます。どちらの皿に入れるときも，必ず同じように「さっ（佐）」といって置きます。
　すべてのコインを入れ終わったとき，左右それぞれの皿に何枚ずつコインが入っているかを，当ててください。

## 2 活動の流れ

　本時は，二元一次方程式とその解の意味，連立方程式の必要性と意味，連立方程式の解の意味を理解することを目標としている。

　「佐々立て」は『勘者御伽双紙』（中根彦循著，1743年）の中の遊びで，構造は鶴亀算と同じである。授業では，30枚のコインを左の皿に1枚ずつ，右の皿に3枚ずつ入れることとする。

　口頭で「佐々立て」の概要について説明し，問題を提示してから，教師が実際に「佐々立て」を1回演示する。「よくわからない」という生徒の反応から，もう1回同じ演示を行うと，「先生は『さっ』の声を12回いった」と気づき始める。左の皿に$x$回，右の皿に$y$回置いたとして式$x+y=12$を立て，式を満たす$x$と$y$の値の組を表に整理させる。

　次に，左右の皿にコインを何個ずつ置いたかがわかれば当てることができそうだとの見通しを引き出し，このタイミングで，それまで隠しておいた左の皿へは1枚ずつ，右の皿へは3枚ずつ置いたことを生徒に伝える。すると，式$x+3y=30$をすぐに生徒は立てる。そこで，この式を満たす$x, y$の組を，先ほどと同様に表に整理させる。その際，具体的な$x$の値から対応する$y$の値を能率的に求めるために，等式の性質をもとに「$y=$」の形に変えるとよいことに気づかせ，用語「等式変形」や言い回し「$y$について解く」について指導する。そして，生徒たち自身で値の組を表に整理し，答えを見つけさせる。進んだ生徒には，なぜそれが答えになるのかを考え，ノートに記述させるようにする。

　答えとその理由を共有した後，一連の活動を振り返り，2つの未知数がわからないときに，2つの文字を用いて2つの方程式を組み合わせ，それらを共通に成り立たせる$x, y$の値の組を表から探したことを自覚化させる。そのうえで，「二元一次方程式とその解」「連立二元一次方程式（連立方程式）とその解」など，用語とその意味について指導する。

## 3 指導と評価のポイント

　本時は本単元の導入の授業であるため，生徒が楽しみながらも，2つの未知数を知りたいという気持ちになる教材選びが大切であり，「佐々立て」を取り上げた。日常生活の文脈の問題を取り上げることも考えられるが，連立方程式が必要な場面は，一次方程式のそれに比べて，身の回りではなかなか見当たらない。その後の一次関数や高校理科の計算などが主だろう。そうであれば，本単元は基本的に「**数学的に処理できることを増やしていこう**」という数学の世界の目的意識で単元構成していくことが考えられる。

　本時の「佐々立て」の指導においては，未知数が2つのとき，条件が1つだけでは答えが一意に決まらないことや，もう1つ条件を付加することにより答えが一意に決まることを経験的に理解させるようにする。そのために，まず「さっ（佐）」という声の合計が12回であることに気づかせ，式や表で $x$ と $y$ の関係や具体的な組を挙げさせるようにする。そのうえで，『**あと何がわかれば答えが特定できそうかな？**』と問いかけ，「左右の皿にコインをそれぞれ何個ずつ置いたかがわかれば特定できそうだ」という生徒の見通しにつなげていきたい。それにより，付加した条件の価値がよくわかり，方程式を連立させる意味を生徒は理解しやすくなると考えられる。2つ目の表をつくる際には，等式変形の有用感をもたせる機会となる。

　また，表から連立方程式の解が1組得られるが，『**ほかにはもうないかな？**』と問うことも大切である。「佐々立て」では $x$ と $y$ の変域から，1組だけしかないと生徒は説明する。しかし，『**変域を考えないとしたら，ほかにも式を成り立たせる $x$ と $y$ の組はあるのかな？**』と教師から問うと，「もしかしたらほかにも $x$ と $y$ の組があるかもしれない」と答える生徒は意外と多い。そこで，「1組だけしかない」「ほかにも組がある」という2つの立場から生徒同士で話し合わせることが考えられる。その際に，2つの表から「$x$ が3増えたときに $y$ がいくつずつ減っているか？」に着目して比べ，関数的な見方から演繹的に説明する生徒が現れることが予想される。連立方程式の理解を深め，一次関数の素地を学ぶよい機会となる。もし時間があれば，小学校で学習した鶴亀算と本質的に同じであることにふれてもよい。

図3　本時の板書

**授業2（第13時）**

# 大人と子供の料金差

## 1 問題

　子どもたちが好きな仕事にチャレンジし，楽しみながら社会のしくみを学べるというテーマパーク「ピッラニア」が人気です。

　中1のまさおさんは，自分の家族と同級生のひろしさんとその家族と一緒に，「ピッラニア」へいきました。入場料金は15歳以下と16歳以上とで異なり，まさおさんの家族は6人で合計20250円，ひろしさんの家族は3人で合計8700円かかったそうです。まさおさんは，各家庭の人数のわりに2つの家族で大きく異なることから，15歳以下と16歳以上とで1人あたりの料金がどれだけ違うのかを知りたくなりました。

（1）　まさおさんが一緒にいった家族は，妹，弟，父親，母親，叔母です。まさおさんは1人あたりの15歳以下の料金を $a$ 円として，式 $3a+3(a+b)=20250$ を立てました。この方程式は正しいでしょうか。

（2）　一緒にいったひろしさんの家族は，母親と叔父です。以上のことから，15歳以下と16歳以上とでは，1人あたりどちらがいくら高いかを，中1のまさおさんに説明してください。

## 2 活動の流れ

　本時は，具体的な問題の解決のために他者が立てた二元一次方程式の意味や，連立方程式の解の意味について，事象と式を照らし合わせて考察し表現できることを目標としている。

　本時では，職業体験型テーマパークにおける大人と子供の入場料金の差を教材化して扱う。例えば，実在のテーマパーク「キッザニア東京」では，年齢，時間帯，予約時期など，多様で複雑な料金設定がされてあるが，基本的には大人よりも小中学生の方が料金は高い。遊園地や映画館と同様に子どもより大人の方が高いと暗黙的に感じてしまうが，そうではない。そのギャップを活かし，実際の料金設定を単純化し，「15歳以下」と「16歳以上」の料金の差について数学的に考察していく。その際，式の意味や解の意味の考察・表現を本時では重視する。

　まず問題を提示し，主人公・まさおさん（中1）が立てた二元一次方程式 $3a+3(a+b)=20250$ を紹介する。そのうえで15歳以下の料金を $a$ 円としていることを伝え，式の正誤を問うことで，$b$ はどんな数量を表しているのかを考えさせる。式の正誤とその理由をまず自立的にノートに記述させ，次に左右の生徒や前後の生徒とで記述した数量が同じかどうか，記述自

体が同じかどうかなどに着目して話し合いをさせる。

　その後，まさおさんは中1なので連立方程式を解くことができないことを理由に，ひろしさんの家族の二元一次方程式 $a + 2(a + b) = 8700$ を立て，もとの式と連立させて解かせる。すると，$b = -2850$ が得られる。連立方程式を利用して文章題を解決するとき，負の解はほとんど出てこない。不安で再び計算をやり直す生徒もいるだろう。しかし，これは正しい。事象に照らして解釈すると，$b = -2850$ は「15歳以下の料金が16歳以上の料金よりも2850円高い」ことを表していることになる。その一連の過程を，ノートに記述させるようにする。

## 3 指導と評価のポイント

　まず，まさおさんが立てた式の正誤を考察させる。$b$ を16歳以上の料金と捉えて「式が誤っている」と考える生徒，$b$ を15歳以下と16歳以上の差額と捉えて「式は正しい」という生徒がいると考えられる。$b$ が表している数量をどうすれば的確に言葉で表現できるか話し合うなどし，式の意味理解を互いに深められるようにしたい。具体的には，「15歳以下と16歳以上の差額」などの表現の曖昧さに気づかせ，改善して「16歳以上の料金から15歳以下の料金をひいた差」「15歳以下の料金から16歳以上に上乗せされた追加料金」など表現できるようにする（右は記述例）。

　また，連立方程式の負の解が得られた際，生徒は不安になることが予想されるが，『**本当に正しく計算はできているかな？**』『もし正しいなら，**問題では負の解はどのようなことを意味しているのかな？**』など問いかけ，事象に照らして解を正しく解釈する活動を促したい。なお，方程式を用いて問題解決する方法や手順は既習である。それに沿って一連の過程をノートに説明させる。

　まとめでは一次方程式の利用と同様，特に「**文字で何を表すか？**」「**解は何を表しているか？**」を考える重要性を生徒に実感させ，3年「二次方程式」の学習につなげていきたい。

---

　15歳以下の料金を $a$ 円，16歳以上の料金から15歳以下の料金をひいた差額を $b$ 円とすると，まさおさん，ひろしさんのそれぞれの家族の料金合計から，

$$\begin{cases} 3a + 3(a + b) = 20250 & \cdots ① \\ a + 2(a + b) = 8700 & \cdots ② \end{cases}$$

これを解いて $b$ の値を求めればよい。

　① $-$ ② $\times 2$

$$\begin{array}{r} 6a + 3b = 20250 \\ -)\ 6a + 4b = 17400 \\ \hline -b = 2850 \\ b = -2850 \end{array}$$

　$b$ が負の数であるということは，16歳以上の料金よりも，15歳以下の料金の方が高いということだから，$b = -2850$ は問題の意味に適している。

　　　答え　15歳以下の料金が2850円高い。

ちなみに，$b = -2850$ を②に代入すると，

$$3a - 5700 = 8700$$
$$3a = 14400$$
$$a = 4800$$

よって，15歳以下の料金は4800円で，16歳以上の料金はそれより2850円低い1950円とわかる。

## 2年　一次関数 （全17時）

# 比例に似た2つの変数の関係から未知の値は予測できる？

## 1　典型的な単元の流れと目指す単元の流れ

| 典型的な単元の流れ | 目指す単元の流れ |
|---|---|
| ［出会う］<br>　具体的な事象から2つの数量を取り出し，表から変化や対応の様子を調べる。事象の数量関係や表から式を立て，一次関数の意味を理解する。<br>［深める］<br>　抽象化された数学の世界で，表→式→グラフの順で一次関数の変化や対応を調べていき，変化の割合，グラフの傾きと切片，変域などについて考察し，一次関数の特徴を理解する。表，式，グラフの相互関係を整理する。（△表，式，グラフのよさが実感しづらい。具体的な事象とのつながりがうすく，変化の割合，グラフの傾きと切片，変域の意味や学ぶ意義が理解しづらい）<br>［使う］<br>　具体的な事象の問題解決の場面を設け，解決の過程や結果について，根拠を明らかにして説明する。（△事象を一次関数とみなす際に，みなしてよい理由を"一直線上に並んで見える"以外は十分に検討しない） | ［出会う］<br>　具体的な事象から2つの数量を取り出し，表やグラフから変化や対応の様子を具体的，視覚的に調べる。表から式を立て，一次関数の意味を理解する。<br>［深める］<br>　表，式，グラフのそれぞれのよさを感得できる事象をそれぞれ取り上げ，一次関数の変化や対応を調べていき，具体的な事象と関連づけながら変化の割合，グラフの傾きと切片，変域などについて考察し，一次関数の特徴を理解する。一次関数 $y = ax + b$ の $a$ や $b$ の値を変えて統合的・発展的に考察し，表，式，グラフの相互関係を整理する。<br>［使う］<br>　具体的な事象の問題解決の場面を設け，解決の過程や結果について，根拠を明らかにして説明する。その際，事象は一次関数の定義に合う事象，定義に合うか不明な事象の順で扱う。また，点がややばらつく理由やどの点を重視するかなどをよく考える。 |

# 2 本単元を貫く数学的活動の過程

## ■ 一次関数と出会う（Ｃ１，Ｃ３，Ｘ２，Ｘ３）

　具体的な事象から２つの数量を取り出し，これらの組 $(x, y)$ を座標とする点を座標平面にとったり，この組を $x$ の昇順に並べて表に整理したりするなどして規則性を見つけ，これをもとに未知の値を予測する活動を設ける。ここでの規則性とは，「点が一直線上に並ぶ」「$x$ が１増えると $y$ が同じ数ずつ増える」など生徒が素朴に見つけるもので十分である。

　その過程で，取り出した２つの数量関係について，「比例と似ているが，少し違う」という印象をもとにしながら，「比例と何が似ていて何が違うのか？」という単元の学習の動機づけとなる問いに関心が向けられていくようにする。

## ■ 一次関数を深める（Ｃ２，Ｃ３，Ｘ２，Ｘ３）

　１年で学習した表，式，グラフのよさを踏まえ，それぞれの表現を用いて一次関数の特徴を調べていく。その際，比例の表，式，グラフをもとにして調べることで，既習の知識・技能と比較したり組み合わせたりしながら，一次関数の特徴を理解していけるようにする。

　なお，ここでは変化の割合や変域，グラフの切片など，生徒が困難と感じたり，混同したりしやすい概念を学ぶ。そこで，これらが具体的な事象で何を意味するのかを解釈したり，「同じペース」「変わる範囲」「最初の値」など直観的で平易な言い方で補足したりするなどして多面的な理解を促したい。

　また，既習である二元一次方程式と本単元で学ぶ一次関数は，統合的に捉えることができる。高等学校以降の解析の学習に向けて，座標平面上に表現された関数や方程式のグラフを図形としてみて，未知の数量や座標を求める機会を設ける。

## ■ 一次関数を使う（Ｃ１，Ｃ２，Ｘ１，Ｘ２，Ｘ３）

　身の回りの数量関係には，厳密には一次関数とはいいきれないが，問題の解決のために特定の変域で一次関数とみなすことができるものが多い。教材配列については，一次関数の定義に合う事象から扱い始め，次第に誤差などにより定義に合うか不明な事象まで扱う。なお，グラフを中心に解決する問題を最初に取り上げ，有益なツールとして意識化して学べるようにする。

　問題解決のために事象の数量関係を一次関数とみなす際には，みなしてもよいかどうかをその目的や事象と照らして検討し，みなす行為を生徒が正当化しながら進められるようにする。それらの一連の解決に一次関数の特徴を活用することで，根拠を明らかにして説明できるようにする。

■ 単元を通して

　1年での学習を踏まえ，本単元を通して，表，式，グラフを生徒が選択して問題を解決する活動を設けることが大切である。その中で，各表現様式のよさを感じられるようにし，表，式，グラフを目的に応じて使い分けたり，相互に関連づけたりして，目的に応じて具体的な事象の問題を考察できるようにしたい。

# 3　単元の一覧表

### 1 目標

○伴って変わる2つの数量及びその関係に着目し，表，式，グラフを用いて考察し表現する活動を通して一次関数について理解するとともに，事象の変化の仕方を理解したり未知の値を予測したりすることができる。

### 2 単元の問い

> 比例に似た2つの変数の関係から未知の値は予測できるか？

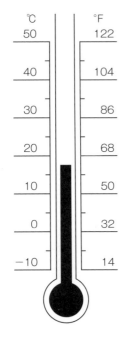
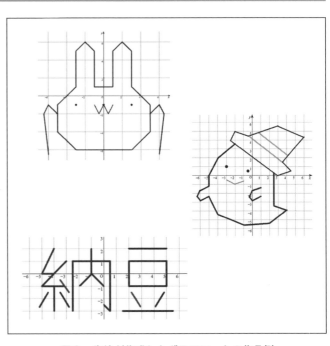

図1　摂氏度と華氏度の温度計（イメージ）　　図2　生徒が作成したグラフアートの作品例

## 3 単元設計のコンセプト

### 小単元の問い：変化の仕方が一様である２つの数量の関係を何というのか？

| 問い［教材］ | 知識・技能 | 思考力・判断力・表現力等 |
|---|---|---|
| ２つの数量の関係から未知の値を予測できるか？［摂氏度と華氏度の温度計］<br>一次関数と捉えられる２つの数量には，ほかにはどのようなものがあるのか？［様々な事象と一次関数］ | 一次関数の定義 | 未知の値を予測するために，（一次関数として捉えられる）２つの数量の間にひそむ規則性を見いだすこと |

### 小単元の問い：一次関数にはどのような特徴があるのか？

| 問い［教材］ | 知識・技能 | 思考力・判断力・表現力等 |
|---|---|---|
| 一次関数の式と表からはどのような特徴が見いだせるか？［火をつけた線香］ | $x$, $y$ の増加量<br>変化の割合の意味<br>式を立てること | 一次関数の変化や対応の特徴を見いだし，表，式，グラフを相互に関連づけて考察すること |
| 一次関数の式とグラフからは，どのような特徴が見いだせるか？　比例と比較して何がどう違うのか？ | 一次関数のグラフ<br>直線の式<br>グラフの傾きと切片の意味 | |
| 方程式を一次関数としてみることはできるか？［周一定の二等辺三角形］［グラフアート］ | 方程式のグラフ<br>二元一次方程式と一次関数の関係<br>２つの方程式のグラフの交点の意味 | 直線のグラフの特徴を活用し，目的に応じて一次関数や方程式のグラフの式や変域，交点の座標などを考察すること |

### 小単元の問い：身の回りや数学の問題の解決に一次関数はどう生かせるのか？

| 問い［教材］ | 知識・技能 | 思考力・判断力・表現力等 |
|---|---|---|
| 時間と距離の関係のグラフから，未知の値を読み取ることはできるだろうか？［ダイアグラム］ | 一次関数のグラフを活用して問題解決する方法 | 具体的な事象と関連づけて，変域について一次関数のグラフや式を用いて考察すること<br>未知の値を読み取る方法を表現すること |
| 図形の中の数量関係はどのようになっているだろうか？［動点の問題］　グラフを図形として考えられるか？［グラフで囲まれた図形の面積］ | | |
| ２つの数量の関係に着目し，既習の関数とみなして未知の値を予測することはできるか？［熱した水］［富士登山］ | 一次関数の表，式，グラフなどを選択的に用いて現実的な事象の問題を解決する方法 | ２つの数量の関係を表，式，グラフなどで表し，一次関数であるとみなして未知の値を求める方法を考察し表現すること<br>誤差の原因など既習の関数とみなしてよい理由を考慮に入れて，理想化，単純化して考察し表現すること |

## 授業1（第9～11時）
# グラフアート

### 1 問題

> 直線のグラフだけでつくった好きな絵やロゴなどをパソコンの画面に表示させて「グラフアート」をつくろう。
> なお，色や太さを自由に変えて構いません。

### 2 活動の流れ

　本時は，直線のグラフの特徴を活用し，目的に応じて一次関数や方程式のグラフの式や変域，交点の座標などを考察することを目標としている。

　前時までに，一次関数の式とグラフの概形の関係を手がきやフリーのグラフ描画ソフト「GRAPES」（友田勝久氏開発）で見いだすこと，変域のある一次関数や二元一次方程式のグラフをかくこと，直線の式や変域を求めることについて学習してきている。

　第9時では，過去の作品をスクリーンにいくつか映し出して関心を高め，問題を提示する。そのうえで座標平面を印刷したプリントを配付し，好きな絵や文字などを線分で描く。ソフト上で表示できるグラフの種類と本数などデザインを決めるための条件を事前に示しておくと，生徒は見通しが立ちやすい。デザインが描けたら，それぞれの線分をグラフとする一次関数の式や変域を求めて記入する。これをもとに，第10，11時で1人1台PCを使用し，GRAPESに式と変域を入力してグラフを表示していく。作品の廊下展示や，時間が許せば教室でミニ発表会を行い，成果を共有したい。本時はCG（コンピュータグラフィック）の基礎と捉えられるとともに，構想を立てて動的な作品をつくることは特にプログラミング的思考にもつながる。

図3　PCに式を入力する様子

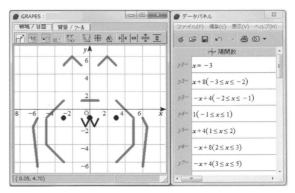

図4　GRAPESの画面（図2の左上の作品作成途中）

## 3 指導と評価のポイント

　本時は，生徒が好きなキャラクター，動物，有名人の名前など，画面上に「表現したい」という思いに数学が応えることになる。**「画面に表示させるために直線の式をどう求めればよいか？」**が重大な問いとなり，直線の式を求める技能を高める必要性を感じながら学習に取り組む機会となる。また，変域を求める際には，線分と線分の交点の座標を求める必要があり，連立方程式を解くことになる。既習である一次関数の特徴を目的に応じて活用する場面となる。

　実施に当たっては，生徒の状況に応じて条件を設定することが大切である。例えば，苦手な生徒が多い場合には，難易度の異なる3つ程度のデザインから好きなものを選ばせたり，自由にデザインさせるがグラフの本数制限を設けたりし，無理なく取り組めるように配慮することが考えられる。その際，近くの生徒と質問し合うように促したい。

　また，直線の式や変域を求めたり，直線の直交条件を見いだしたりすることを目標に，デザインを1つに絞り，図5のように風車の土台の式や直交する羽の式を考察する授業も考えられる。

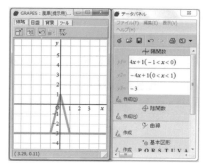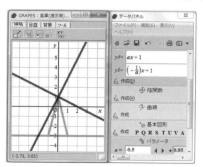

**図5　風車の絵を作成する画面（$a$ の値を右下の◀▶で変えると羽が回転する）**

　生徒は $y = 2x + 1$ と $y = -\frac{1}{2}x + 1$，$y = 3x + 1$ と $y = -\frac{1}{3}x + 1$ などの式を考えることが予想される。これらから直線の直交条件を帰納的に見いだせば，一般化して $y = ax + 1$ と $y = -\frac{1}{a}x + 1$ の式を入力して $a$ の値を変えることで，羽のグラフを回転させることができる。この風車のように動くグラフを第1時の冒頭で提示すれば，直線の傾きや変域，切片，点の座標などに文字を用いて動的な作品をつくることも期待できる（図6）。

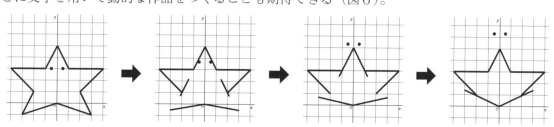

**図6　パラメータ $a$ の値を変化させて動くグラフアートの生徒作品「ペリカンの星」**

授業2（第17時）

# 富士登山

## 1 問題

富士山の6合目の気温を，過去の周辺地域のデータから予測しよう。

## 2 活動の流れ

　本時は，現実の事象から2つの数量を取り出し，表，式，グラフを用いてその関係を反比例であるとみなして考察し表現することを目標としている。単元の最後の授業として実施する。

　前時までに，グラフを用いて具体的な問題を解く方法，実験データをもとにして一次関数とみなして未知の値を予測すること，及び一次関数とみなしてもよい理由を検討することについて学習している。

　導入では，主人公が家族と富士山6合目登山への持ち物や服装を検討していることとし，富士山6合目の気温を予測する場面を設定する。『**未知の気温を知りたいときにどうすればよいかな？**』と投げかけ，「過去のデータを入手したい」という発言を引き出した後で，表1のデータを生徒に提示する。富士山の6合目のほぼ真上（山頂）のデータはあるが，ほぼ真下のデータではなく周辺地域のデータしかないことにふれる。

表1　観測所の標高と平均気温の関係（平成20年度全国学力・学習状況調査数学B⑤より）

| 観測所 | 標高（m） | 平均気温（℃） | 観測所 | 標高（m） | 平均気温（℃） |
|---|---|---|---|---|---|
| A（甲　府） | 273 | 27.7 | D（河口湖） | 860 | 23.3 |
| B（勝　沼） | 394 | 26.7 | E（山　中） | 992 | 21.7 |
| C（古　関） | 552 | 24.9 | F（富士山） | 3775 | 6.4 |

　解決は，4人程度のグループで協働的に取り組ませる。筆者は，ホワイトボードは用意せず，方眼を印刷したワークシートを各自に配付して必要であれば表やグラフを自由にかけるようにした。方眼つきの大きめの用紙やホワイトボードに書かせることも考えられる。

　座標平面上に点をとり，2つの数量関係が一次関数であるとみなして近似式を考える際，GRAPESに点をとり，式 $y = ax + b$ の傾き $a$ と切片 $b$ の値を既習の知識をもとに多様に変えてみて，多くの点の近くを通ると思われる直線を視覚的に探すことで，生徒が負担感なく取り組むことができるだろう（図7）。

授業の最後には，各班の予測した気温（結果）とその根拠（過程）を簡単に発表させる。Excelなどを使って求めた回帰直線の式を紹介し，6合目の標高を代入して気温を求めたり，実際の6合目の気温を教師から紹介したりするなどして生徒の考えたプロセスが妥当であるかどうかを検証する。

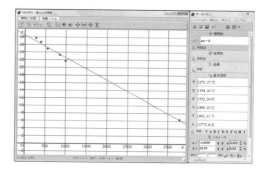

図7　GRAPESの画面

## 3 指導と評価のポイント

本時は，本単元の集大成として，生徒たちに協働的な解決を期待する場面である。紙と鉛筆，電卓，PCなど何を用いて解決するかを各自，各班が選択したり，組み合せたりできるとよい。

解決方法の見通しが立たないグループもあることが予想される。そのような班には机間指導で個別に声をかけ，ほかの班の考えを紹介したり，自席を立ってほかのグループに考えをたずねにいったりさせることも考えられる。また，板書に各班の解決方針や進捗状況を書きためておき，適宜参考にしながら学級全体でよりよい解決を求めようとする雰囲気を醸成したい。

中には，点がきれいに一直線上に並ばないことから，一次関数とみなすことに抵抗を感じる生徒が予想される。その際には，生徒同士の意見の対立を意図的に取り上げ，入手できるデータを使ったよりよい方法が一次関数とみなすことであることに気づかせたい。

また，一次関数とみなすことを正当化できても，点Fを除いて考える生徒も予想される。点A～Eだけで見るとほぼ一直線上に並んでいるように見えるが，実は点A～Eは富士山の周辺のデータであり，地理的な要因で富士山の各標高と異なる（ばらつく）可能性が高い。したがって，点Fの標高と気温は最も重視したいデータである。

定義に合わない事象を一次関数とみなす際には，みなしてもよいかどうか，また，どのデータを重視して（軽視して）みなすかを十分に検討できるとよい。

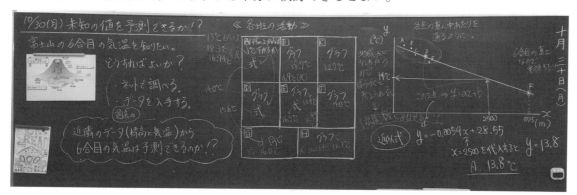

図8　本時の板書

**2年　平行と合同**（全15時）

# 既知の図形の性質は
# どうすれば体系化できる？

## 1　典型的な単元の流れと目指す単元の流れ

| 典型的な単元の流れ | 目指す単元の流れ |
|---|---|
| ［出会う・深める］<br>　平行線や角の性質について理解する。（△性質と条件を区別できない） | ［出会う・深める］<br>　平行線や角の性質について，仮定と結論を意識して理解する。 |
| ［使う］<br>　三角形の角の和の性質の説明に平行線や角の性質を使う。 | ［使う］<br>　三角形の角の和の性質の説明に平行線や角の性質を使う。 |
| ［出会う・深める］<br>　多角形の角についての性質を統合的・発展的に考察する。（△内角の和について小学校での学びとの区別がつきにくい） | ［出会う・深める］<br>　多角形の角についての性質を統合的・発展的に考察する。図形の動的な見方のよさを知る。 |
| ［使う］<br>　凹四角形の角の性質などの説明に，平行線や角の性質や多角形と角についての性質を選択的に使う。 | ［使う］<br>　凹四角形の角の性質などの説明に，平行線や角の性質や多角形と角についての性質を選択的に使う。 |
| ［出会う］<br>　合同な図形の性質について理解する。三角形の合同条件について理解する。（△性質と条件が区別できない） | ［出会う］<br>　合同な図形の性質について理解する。性質の逆を考える動機で，三角形の合同条件について考察し，理解する。 |
| ［深める］<br>　図形の合同条件を用いて図形の性質を証明する。 | ［深める］<br>　図形の合同条件を用いて図形の性質を証明する。 |

# 2 本単元を貫く数学的活動の過程

## ■ 平行線や角の性質と出会い，深める（B2，B3，B4，X3）

　複数の直線が交わってできる角に着目し，角についての用語を知り，平行線や角の性質を学ぶ。平行線や角の性質に関しては，命題における仮定と結論，命題の逆について理解する。その際，この性質の逆（2直線の平行条件）について理解するとともに，真の命題であっても，その逆の命題は必ずしも成り立たないことについて，身近な具体例をもとに理解する。

## ■ 平行線や角の性質を使う（B2，B3，X1，X3）

　小学校で操作的，直観的に認めてきた三角形の内角の和の性質が成り立つ理由を，平行線や角の性質をもとにして演繹的に説明する。その際，循環論法を含めた多様な方法を取り上げ，論理の進め方に対して漸次的に関心をもたせる。また，その説明の過程を振り返り，三角形の外角の性質を見いだす。

## ■ 多角形の角についての性質と出会い，深める（B2，B3，B4，X3）

　考察の対象を三角形から多角形に広げ，まず多角形の内角の和を発展的に考察する。五角形を例に，内角の和を求める方法を図と式を関連づけて説明する。その際，図形の内部にとった点Pから各頂点へ補助線を引く求め方にもふれ，それらの図形を動的に捉えることで統合できることを知る。多角形の頂点の個数を変え，$n$角形の内角の和を求める式を見いだす際にも，動的な見方で$180(n-2)$の「$-2$」の意味を理解する。

　次に，考察の対象を内角から外角に変え，その和について発展的に考察する。五角形などで説明した後，一般の多角形に広げてその方法を類推しながら説明できるようにする。

　そのうえで，一連の活動を振り返り，$n$角形の内角の和は$n$の値によって変わる（$n$の値の一次関数である）一方で，$n$角形の外角の和は$n$の値によって変わらないことを比較して理解できるようにする。

## ■ 多角形の角についての性質を使う（B2，B3，X1，X3）

　凹四角形の角の性質，星型五角形の性質などが成り立つことを，既習の性質を根拠に説明する。その際に，多様な方法について考察するとともに，補助線の引き方を整理する。

## ■ 三角形の合同条件と出会い，深める（B2，B4）

　三角形の決定条件をもとに，三角形の合同条件を直観的に認めていく。三角形の合同条件をもとに合同な三角形の組を選んだり，根拠を明らかにして三角形の合同を証明したりする。証

明の必要性と意味を理解する。線分や角に関する命題の真を証明するために，合同といえそうな三角形に着目し，その合同を証明する。

なお，次の単元ではこの合同条件を選択的に使っていく。

### ■単元を通して

図形の性質を調べる際には，生徒の問いをもとに，統合的・発展的に考察し，表現する学習活動が探究的に進むように配慮する。その際，命題の真偽や成り立つ範囲を予想するために，実測や操作，実験を重視する。命題の偽を示すには，反例をただ１つ示せばよいことを理解できるようにし，命題の真を示すための根拠を生徒が見いだせない場合は，ノートの記述など過去の学びを振り返って選ぶように促す。

## 3 単元の一覧表

### 1 目標

○図形の性質について理解するとともに，図形の性質について論理的に考察し表現することができる。

### 2 単元の問い

> 既知の図形の性質はどうすれば体系化できるか？

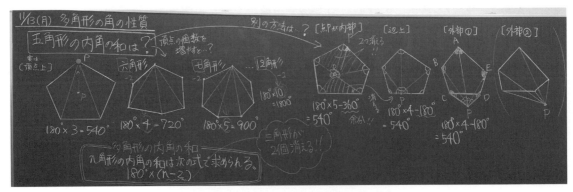

**図１　授業「多角形の角の和の性質」の板書**
（点Ｐを動かすことで「－２」の意味を見いだす）

## 3 単元設計のコンセプト

### 小単元の問い：角についてどんな性質が成り立つか？

| 問い［教材］ | 知識・技能 | 思考力・判断力・表現力等 |
|---|---|---|
| 周角はなぜ360°か？［天文学と年周期］<br>直線が交わってできる角について成り立つ性質はないか？ | 対頂角・同位角・錯角の意味<br>対頂角の性質<br>平行線の性質<br>平行になるための条件 | 図形の性質を，平行線の性質などをもとに演繹的に説明すること |

### 小単元の問い：単一の図形についてどんな性質が成り立つか？

| 問い［教材］ | 知識・技能 | 思考力・判断力・表現力等 |
|---|---|---|
| 三角形の3つの角の性質が成り立つ理由を論理的に説明できるか？　ほかに性質はないか？ | 三角形の内角，外角の性質 | 三角形の内角，外角の性質を既習の性質をもとに演繹的に説明すること |
| 既習の多角形の内角の和の性質をいろいろな方法で説明できないか？<br>n角形の内角の和を表す式はどういう意味か？<br>多角形の外角の和を表す式はどのような式か？ | 多角形の内角の和の性質<br>図形を動的に捉えることで複数の図形を統合的に見ることができること<br>多角形の外角の和の性質 | 多角形の内角の和の性質を帰納的に見いだし，演繹的に考察し説明すること<br>多角形の角の和について図形を動的に捉え，式の意味を考察すること<br>多角形の外角の和の性質を帰納的に見いだし，演繹的に考察し説明すること |

### 小単元の問い：少し変わった図形ではどのような性質が成り立つか？

| 問い［教材］ | 知識・技能 | 思考力・判断力・表現力等 |
|---|---|---|
| 四角形の点を動かしてできる凹四角形で成り立つ角の性質を多様な方法で説明しよう。［凹四角形］ | 凹四角形の性質<br>図形の性質を考察するために補助線を引く方法 | 既習の性質を選択したり組み合わせたりして用い，これをもとに演繹的に考察し説明すること<br>図形の性質について仮説・検証を繰り返して探究すること |
| 星型五角形の角の和は何度か？ほかの求め方はないか？　点を動かすなど条件を変えるとどうなるか？［星型五角形］ | 図形を動的に見ることで性質が保存されることがあること | |

### 小単元の問い：複数の図形の組の関係についてどんな性質がいえるか？

| 問い［教材］ | 知識・技能 | 思考力・判断力・表現力等 |
|---|---|---|
| 平面図形，特に三角形の合同について，どんな性質がいえるか？　その逆は？ | 合同な図形の性質<br>三角形の合同条件 | 三角形の合同条件とはいえない反例を見いだすこと |
| 三角形の合同条件をどのように用いればよいのか？<br>どんなことがいえるようになるのか？ | 証明の意味と方法 | 三角形の合同条件をもとにして，2つの三角形の合同や辺，角の相等関係について考察し説明すること |

授業1（第2時）

# 三角形の内角の和

## 1 問題

三角形の内角の和が180°であることを，これまでに学んだ性質を使って説明できるだろうか。

## 2 活動の流れ

　本時は，平行線の性質を用いて，三角形の内角の和が180°であることを論理的に確かめることができることを目標としている。

　前時までに，約5000年前のメソポタミアの天文学に由来して周角360°が決められたとされていること，その半分が平角180°であること，対頂角は等しいこと，平行線の同位角や錯角がそれぞれ等しいこと（平行線の性質）とその逆について学習している。平行線の性質の学習では，その後の学習で必要な用語「仮定」「結論」「逆」についてふれてある。これらをもとにして，図形の世界が公理的に構成され，体系化されていることについて，2年で図形領域の学習が始まったばかりの生徒なりに理解しながら，様々な性質について探究できるようにしたい。

　授業では，最も単純な多角形である三角形を取り上げて用語「内角」を紹介したうえで，小学校で学習した「三角形の3つの角の和は180°である」について，前時で取り組んだ「平行線の錯角はなぜ等しいのか？」と同様，既習の性質をもとにして説明する機会を設ける。必要に応じて周囲の生徒と話し合うことを認めつつも，前時の学習や小学校での学習を振り返りながら活用する機会として個人で取り組ませる。教師は，机間指導を通して生徒の多様な考えを把握し，循環論法になってしまう説明につながるものを含めて多様な補助線を紹介し，生徒の意欲を持続，高揚させるようにし，生徒が考えることを楽しみながら取り組み続けられるようにする。

　授業の終末には，黒板の図を使って生徒が説明する場面を設ける。また，生徒が考えていた補助線をもとに循環論法となる説明についても考えさせ，「結論を用いて結論を導く」という論の進め方が危ういことを理解させる。このような素地的な経験をもとに，後の本格的な証明の学習につなげていく。

104

## 3 指導と評価のポイント

　本時を含め，本単元は小学校での学習とのつながりがとても大きい。どの生徒も学ぶ意義を感じられるように，小学校での学習と比べて本時が「**学びとして何が新しいのか？**」という点を強調して実感させたい。例えば，「三角形の3つの角の和が180°になる」ということを生徒から引き出したうえで，これを小学校ではどう学習したかについて問いかけてみる。すると，「分度器で3つの角の大きさを測って合計を出した」「三角形を画用紙でつくって角(かど)を切ってつなげた」「合同な三角形をたくさん敷き詰めた」などの返事が予想される。色画用紙で一般の三角形をつくっておき，角を切ってつなげるなどして黒板上に演示した後で（図2の左），中学校では『**物を使って実測したり操作したりしないで，紙と鉛筆と頭だけで論理的に説明できるかな？**』と問いかけ，学習への動機づけを行う。

　ノートに図形をかいて演繹的な説明を自力で考えさせ，机間指導する。手がとまっている生徒には，色画用紙でつくった三角形の角を切ってつなげた図（図2の左）に注目させ，補助線の存在を暗示し気づかせる。進んだ生徒には，多様な方法を考えさせる。多くの生徒が考えた補助線や稀な補助線を板書して『**このような補助線で考えている子がいるよ**』と紹介し，さらなる考察を期待したい。

　授業の終末で，代表的な考えを生徒に発表させる。その後には『**なぜそこにその補助線を引こうと思ったの？**』などと質問することで，「ここに角を集めたかった」「黒板にある切ってつなげた図のように補助線を引けないかと考えた」「敷き詰めと同じようにできないかを考えた」などの着想を引き出し，全員で共有し，今後の求角や証明の問題に生かせるようにする。

　ちなみに，図2の右の4つの図のうち，左から3つ目と4つ目の説明は循環論法になってしまう。図形の証明の必要性と意味をまだ生徒に指導していなくても，論理的な説明として循環論法がよくないことに気づく生徒は，筆者の経験上多くいると思われる。命題が正しいことを論理的に説明する際，「**何が前提となり，結果として何がいえるのか？**」を説明において徐々に意識できるようにしていきたい。このことは，関数や統計の学習でも大切である。

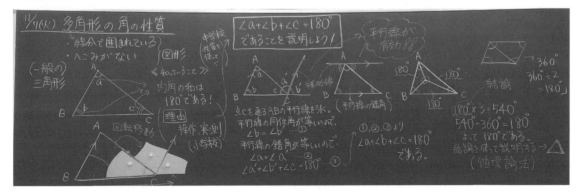

図2　本時の板書

## 授業2（第8時）
# 星型図形の先端の角の和

## 1 問題

> 問1 星型五角形の角の先端の角の和をいろいろな方法で考えよう。
> 問2 点を動かしても角の和が180°であることは変わらないだろうか。

## 2 活動の流れ

本時は，星型五角形の角の和が180°になることを，既習の性質を根拠にして多様な方法で説明することができることを目標としている。多角形の内角の和の性質の授業では，五角形を例に，点Pを動かして多様な方法で内角の和を求めるとともに，それらを統合的に捉え，$180 \times (n-2)$の「$-2$」の意味を「三角形がもとから2つ消えること」として捉えた（板書は図1）。また前時では，凹四角形の角の性質を多様な方法で考え，補助線の引き方として，点と点を結ぶ線分，半直線，延長線，平行線，垂線があることを経験的に理解している。

これらの学習を踏まえ，本時では「5つの点を1つ飛ばしに線分で結んでできる星形五角形の先端にある5つの角の和は求められるか？」を問う。実際に画用紙で結果予想を演示した後，ワークシートを配付して問1，2について自立的，協働的に考察させる。

## 3 指導と評価のポイント

本時は，多様な解決（問1）や動的な考察（問2）を意図し，ワークシート（図3）を工夫した。例えば，多様な解決を期待して【考え方1】～【考え方3】の欄を設けた。また，【考え方4】は図形の1点の位置をやや下にずらした図を載せ，点を動かしても和の180°が保存されるのかに関心をもちやすいようにした。さらには，4つ以外でさらに別の考えや問いがあればノートに書くようにさせた（ワークシートはノートに貼らせている）。

本時の展開では，生徒の問いが「ほかの方法を考えたい」「点をさらに動かして考えたい」などと発散する可能性がある。このような各自の探究を期待し，15分ほど自立的に考えさせた後，必要に応じてグループで話し合わせながら，思い思いの問

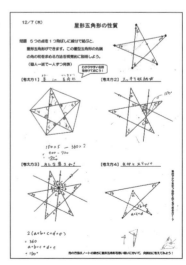

図3　ワークシート

いについて自由に考察させた。各生徒の関心や能力の違いに応じること，及び生徒同士の対話を活発に行うことを重視した。

なお，ワークシートには，図の中に記号や矢印をつけたり簡単な式や根拠の性質を書き残したりするなど，説明を視覚的に整理させるようにして負担感を軽減した。筆者は各自の探究を机間指導で把握しつつ，生徒が考えている補助線を板書して紹介し，生徒の関心のいっそうの高まりを試みた。

さらなる探究のためには，右のような問いを例示したり生徒自身に考えさせたりして，探究したことをレポートにまとめることも考えられる。

［問いの例］「点をさらに動かしても180°は保存されるか」「星型五角形を星型七角形や星型九角形にしたら先端の角の和はどうなるのか」「点の個数を偶数にして星型六角形，星型八角形にしても，点が奇数のときと同じ方法で先端の角の和は求められるのか」「点を1つ飛ばしではなく，2つ飛ばしや3つ飛ばしにしたら先端の角の和はどうなるのか」「星型図形の先端の角の和の求め方を一般化できるのか」

図4は，各クラスでの授業を終えた次時に生徒に配付したプリントである。生徒から出された稀でユニークな考えのほか，「角を裏返す」という発想や点を重ねたり一直線上に置いたりして特殊化する発想を紹介した。まずは教師自身が教材研究として，数学的探究を楽しみたい。

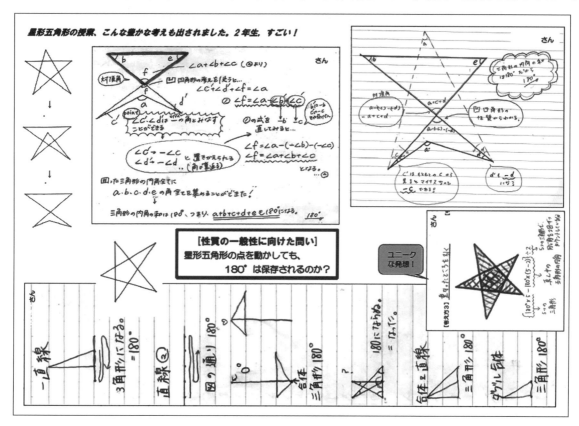

図4　次時に生徒に配付したワークシート

授業3（第11時）

# 三角形の合同条件

## 1 問題

> どんな条件が成り立てば2つの三角形は合同といえるのだろうか。

## 2 活動の流れ

　本時の目標は，合同な三角形をかくことを通して，三角形の合同条件について理解することである。ここでは，平行線の性質と同様に演繹的に導くのではなく，三角形の決定条件をもとに直観的，実験的に認めていくことになる。

　これまでは，三角形や五角形などそれぞれ単一の平面図形を対象として，平行線や角に関する様々な性質について既習の性質をもとに考察してきた。本時からは複数の図形の組を対象として，その間にある関係（2年では図形の合同）に関する性質を考察していく。これらのことを生徒に伝え，数学の学習が広がりをもちながら，発展的に進んできていることを理解できるようにして導入する。

　小学校で学習した合同の定義を確認し，合同の記号「≡」とその由来について説明して印象づける。合同な図形の性質を整理し，教科書の練習問題に短時間で取り組んだうえで，最も単純な多角形である三角形に焦点化して「性質の逆は成り立つか？」と問い，3つの辺，3つの角のうち，「何が等しいとわかれば，2つの三角形は合同といえるのか？」について考えさせる。

　生徒は，小学校で三角形の決定条件について学習しているので，三角形の合同条件について，あやふやながらも生徒の発言をもとに進められると予想される。それぞれの条件にしたがって△ABCと合同な三角形を実際にかくことを通して，「ただ1つの合同な三角形に決まる」ことを確認させる。三角形の合同条件として整理する際には，三角形の合同条件では「3つの辺」や「3辺」ではなく「3組の辺」と表現することや，文言「それぞれ」を入れることの意味，意義などを強調する。

　なお，「2組の辺と1組の角はそれぞれ等しい」「1組の辺と2組の角はそれぞれ等しい」が三角形の合同条件にならない理由についても，生徒が疑問にもちやすいため，授業の時間的な制約を見つつもぜひふれたい。次時には教科書の問題を取り上げ，三角形の合同条件にもとづいて合同な三角形の組を見つけ，その組を記号を用いて表現したり，根拠となる三角形の合同条件を正確に表現したりする活動に取り組ませる。

## 3 指導と評価のポイント

　指導に当たっては、生徒が合同な図形の性質を扱った後で、「その逆は成り立つか？」という問いをはさみ、本題に入っていくようにする。本単元の第2時で平行線の性質を学習する際など本時よりも前に、用語「仮定」「結論」「逆」にふれる。命題の中には逆が成り立つものもあれば、成り立たないものもあるということを、具体例をもとに経験的に理解させていれば、本時で命題の逆の真偽について調べる意義を生徒は十分に見いだせる。その際、『3つの辺と3つの角のすべてがわからないと合同な三角形がかけないの？』と問いかけ、最低何がわかればよいかを考察の対象として焦点化していくことが大切である。

　また、生徒が物理的な負担がなく三角形をかけるかどうかが、本時の目標を達成するうえで重要である。そこで、等しい辺を移すためにコンパスと定規を用いさせるとともに、等しい角を三角定規や分度器を用いて移しやすくするために、△ABCの内角を45°、60°、75°とする。この△ABCを印刷したワークシートをノートに貼らせ、図形をかくための「①辺BCと等しい線分EFを引く」以降の手順を考えさせ、合同条件の3つを生徒の発言から引き出していく。

　なお、生徒は小学校で三角形の決定条件を学習しているため、このことをある程度覚えている生徒は、あやふやながらも「3つの辺が…」「2つの辺と…」「1つの辺と…」などと答えられると予想される。これらの発言をもとに、このそれぞれについて全体で順に取り上げて進めていく。授業展開を教師がある程度主導することになるが、なぜ学ぶのかを理解させつつ、作業をもとに丁寧に確かめていき、生徒の納得を得られるようにする。

　ここで、「2組の辺と1組の角がそれぞれ等しい」「1組の辺と2組の角がそれぞれ等しい」は三角形の合同条件にならないのかについて、生徒は疑問をもちやすい。実際に図をかかせたり、教師が簡易な図をかいて助言したりしながら、生徒同士で話し合う時間を短時間取り、前者と後者はともに、かいた図形が合同な三角形の1つに決まらないために、「間の角」「その両端の角」などの位置情報がさらに必要であることに気づかせ、理解を深めたい。

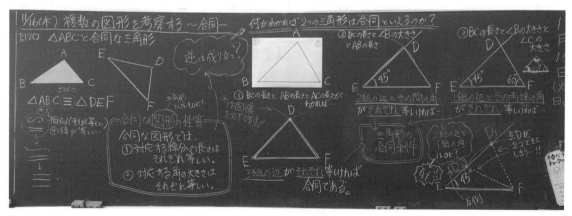

図5　本時の板書

**2**年　データの分布と確率 (全18時)

# 多くの集団の傾向は
# どうすれば比較しやすい？

## **1** 典型的な単元の流れと目指す単元の流れ

| 典型的な単元の流れ | 目指す単元の流れ |
|---|---|
| （△現行の高等学校での指導では四分位範囲と箱ひげ図の必要性と意味の理解や活用した問題解決に重点が置かれていない）<br><br>[出会う]<br>　多数の観察や多数回の試行による確率を求める方法を見いだす。（△量的データの扱いがほとんどなく，1年の統計との関連が意識されづらい）<br><br><br>[深める・使う]<br>　場合の数をもとにして確率を求める方法を見いだす。（△実際と照合しないことで，結果を確定的に捉えがち）<br>　日常生活や社会の事象を確率を用いて捉え，得られた結果や過程を説明する。（△確率をもとにして意思決定する場面がない） | [出会う・深める]<br>　多くの集団のデータの比較には，四分位範囲や箱ひげ図が有効であることを理解する。ドットプロットやヒストグラムと関連づけて箱ひげ図からデータの傾向を読み取る。<br>[使う]<br>　箱ひげ図などを用いて批判的に考察し，確率的に判断し，意思決定する。<br>[出会う・深める]<br>　多数の観察や多数回の試行をしないで確率を求める方法を見いだす。<br>　場合の数をもとにして確率を求める。求めた確率と多数の観察などによる確率とを比較し，有効性と限界を理解する。<br>[使う]<br>　日常生活や社会の事象を確率を用いて捉え，得られた結果や過程を説明する。具体的な問題の解決に確率を活用し，これをもとにして意思決定する。 |

# 2 本単元を貫く数学的活動の過程

### ■ 四分位範囲や箱ひげ図と出会い，深める（D1，D3，X2，X3）

　量的データで構成された多くの集団の分布の様子を比較する場面を設ける。その際，データの分布を既習のグラフや値で表現してみることでその限界に気づけるようにする。そのうえで箱ひげ図を導入し，そのよさを感じ取りつつ四分位数や四分位範囲とともに意味を理解できるようにする。なお，ドットプロットやヒストグラムと関連づけることで，箱ひげ図の理解を深める。箱ひげ図をかくことは簡単なものにとどめ，コンピュータなどを利用した傾向の読み取りに重点を置く。なお，全データのうち中央値付近に集まる約半数が箱ひげ図の箱の中に含まれるという知識，箱ひげ図のひげは外れ値に強く影響を受けるという知識，箱ひげ図は第一に箱の位置や長さに着目した後，第二にひげの位置・長さに着目するという基本的な見方を扱う。

### ■ 四分位範囲や箱ひげ図を使う（D1，X1，X2，X3）

　多くの集団の傾向を比較し，分析する必要性が生まれるような具体的な問題解決に取り組む機会を設ける。その際，四分位範囲や箱ひげ図を使って分析する場面を位置付けるとともに，よりよい解決に向けてデータを層別して別のグラフや値を用いて批判的に考察するように促す。また，相対度数を確率とみなして意思決定するなど，統計的な考察と確率的な判断を結びつける活動が実現できると望ましい。

### ■ 場合の数をもとにした確率と出会い，深める（D2，D3，X2，X3）

　多数の観察や多数回の試行を行うことなく，起こりうるすべての事柄が同様に確からしいことを前提に，場合の数をもとに確率を計算で求められることを扱う。同様に確からしいとはいえない事象も取り扱い比較することで，前提条件を意識化しやすくなる。場合の数を求めるための二次元表や樹形図は小学校算数科でしか扱っていないので注意したい。また，求めた確率の妥当性を確かめるために，多数回の試行などをもとに求めた確率と比較することは，確率を確定的に捉えずに，その限界を含めて解釈できるようにするうえで大切である。

### ■ 場合の数をもとにした確率を使う（D2，X1，X2，X3）

　具体的な問題解決のために事象の起こりやすさに着目して確率を求めて判断する機会を設ける。確率を求めて終わりではなく，確率をもとに各自が意思決定する場面を位置付けたい。

### ■ 単元を通して

　具体的な問題解決を通して新たな統計や確率について学ぶ単元である。解決するために生徒

が「こんなデータがほしい」「同様に確からしいと仮定してよいか？」などと解決の方法の見通しを立てられるようにしたい。また，1年に比べ，いっそう数学的に確率を捉えられるようになる。例えば「くじ引きの後先」など日常生活の問題の解決から，くじの本数や引く人数などを変えて数学的な問題に焦点化し，統合的・発展的に考察し表現する機会を設けたい。

# 3 単元の一覧表

## 1 目標

○四分位範囲や箱ひげ図の必要性と意味を理解するとともに，これらを用いてデータの分布の傾向を比較して読み取り，批判的に考察し判断することができる。また，同様に確からしいことに着目し，場合の数をもとにして確率を求めるとともに，確率を用いて不確定な事象を捉え考察し表現することができる。

## 2 単元の問い

> 多くの集団の傾向はどうすれば比較しやすいか？　確率を計算で求められないか？

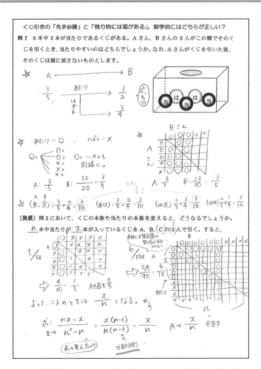

**図1　授業「くじ引きの後先」における進んだ生徒の記述**

## 3 単元設計のコンセプト

### 小単元の問い：多くのデータを比較するためのよい方法はないか？

| 問い［教材］ | 知識・技能 | 思考力・判断力・表現力等 |
| --- | --- | --- |
| 多くのデータを比較するためのよい方法はないか？［留学先の気温］<br>既習のグラフなどと箱ひげ図はどう関連しているのか？［ノーベル賞受賞者の年齢］ | 四分位数，四分位範囲，箱ひげ図の必要性と意味<br>コンピュータなどを用いて分布の様子を箱ひげ図で表すこと | ドットプロットやヒストグラムと関連づけて，箱ひげ図から分布の傾向を読み取り表現すること |

### 小単元の問い：四分位範囲や箱ひげ図はどのような場面でどう活用できるのか？

| 問い［教材］ | 知識・技能 | 思考力・判断力・表現力等 |
| --- | --- | --- |
| 四分位範囲や箱ひげ図はどのような場面でどう活用できるのだろうか？［相手投手を攻略しよう］ | 四分位範囲や箱ひげ図を活用して問題解決する方法 | 問題の解決のためにデータを収集し，箱ひげ図などを用いてデータの傾向を批判的に考察し，確率的に判断し表現すること |

### 小単元の問い：実験などをしないで，確率を計算で求められないか？

| 問い［教材］ | 知識・技能 | 思考力・判断力・表現力等 |
| --- | --- | --- |
| 確率を計算で求められないか？［さいころ］［トランプ］［コイン］ | 場合の数をもとにした確率の必要性と意味<br>確率を求めること | 場合の数をもとにして確率の求め方を見いだすこと |

### 小単元の問い：場合の数をもとにした確率はどのような場面でどう活用できるのか？

| 問い［教材］ | 知識・技能 | 思考力・判断力・表現力等 |
| --- | --- | --- |
| 確率をどう活用できるのか？［ジャンケンさいころ］［くじ引きの後先］ | 確率を活用して問題解決する方法 | 問題の解決のために，場合の数をもとに確率を求め，これをもとに判断すること |

113

授業1（第5～7時）
# 相手投手の攻略

## 1 問題

> あなたたちは，あるプロ野球チームの打撃コーチです。チームの選手たちが次の試合で相手の先発投手の投球を打てるように，実際の投球と同じような球で練習して，慣れておこうと考えています。
> どのような投球に対してどのように練習しておけばよいか，提案してください。

## 2 活動の流れ

　本時は，四分位数や箱ひげ図などを用いてデータの分布の傾向を読み取り，批判的に考察し判断できることを目標としている。本時は，小単元「データの分布」の第3～5時である。これまでに生徒はデータの散らばりについて，四分位範囲や四分位数，箱ひげ図の必要性と意味，及びフリーソフトのstatboxを用いるなどしてデータを箱ひげ図で整理することについて学習している。その際，全データの約半数が箱に入ることから，確率的な判断に生かせることを理解している。これらを踏まえ，本時では上記の問題を提示し，多面的な視点から批判的に考察し，箱ひげ図を含めた多様な統計的な表現を活用して分析し，意思決定に生かす。

　なお，図2のプロ野球のダルビッシュ有投手の投球データ（2567球「科学の道具箱」から入手）を生徒に配付し，2人ペアに1台PCを用意してstathistやstatboxなどのフリーソフトで分析する。また，コーチとしての提案はPowerPointのスライドで行い，ソフトでつくったグラフなどはPC画面のコピー機能（プリントスクリーン）を使ってスライドに貼りつける。

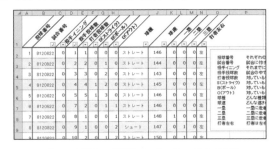

**図2　授業で配付したデータのPC画面**

## 3 指導と評価のポイント

　問題場面の説明を，各種変化球を時速5km単位で調整できるピッチングマシンが使える想定で行い，問題を提示する。まずは『何があれば解決できそう？』と問い，投手の過去の投球の分布に着目して解決しようと見通しを立てられるようにする。本時では全投球の球速の平均値や中央値を求めたり，分布の形を調べるために全球速のヒストグラムをつくったりすること

が予想されるが，時間の制約があるため，教師が誘導して stathist を使って行うとよい。代表値やヒストグラムを出した後，所定のスライドに貼りつけ，わかったことや疑問を記入させる。ペアで話し合うことで批判的思考を促し，次につなげやすい（図3）。

また，球種ごとの球速の分布を比較するために，全投球データを球種で層別し，各球種の球速のデータで箱ひげ図をつくることが考えられる。statbox を使えば，四分位範囲や箱ひげ図を瞬時に表示できて便利である。データの約半数が集まる箱に着目すれば，どの球種の時速何 km の球を練習すればよいかについて確率的に判断しやすい（図4）。

さらに，各球種がどの程度の割合で投げられるかを知るために，各球種の相対度数をExcelで求め，円グラフを表示することもできる（図5）。ほかにも，「右打者と左打者では投球の傾向が変わるか？」や「疲労によって投球の傾向は変わるか？」など，場面に即して多様に分析することも考えられる。

本時では終始ペアで活動するが，最後にはペアを解体して，自らの提案を他者に説明したり，他者の提案を聴いたりする機会を設けたい。それにより，さらに多面的な視点が広がり，自らの提案の有効性や限界が意識化されやすい。

また，PC で活動すると手元に活動の過程が記録として残りにくいため，ペアのうちの1人は PC 操作役，もう1人は記録役を分担

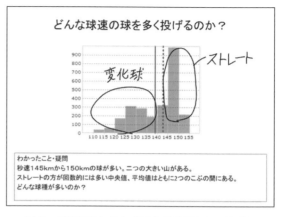

図3　代表値やヒストグラムで分析したスライド

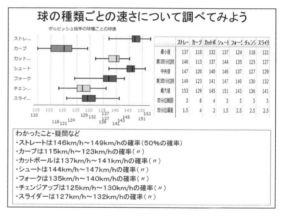

図4　箱ひげ図で分析し確率的に判断したスライド

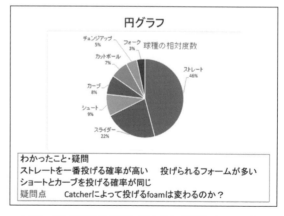

図5　円グラフで分析し確率的に判断したスライド

するとよい。記録用紙にはそれまでの過程が一覧できるため，批判的思考を促す一助ともなる。これらの一連の活動を通して，箱ひげ図が多くの集団の比較を簡便に行うことができ，その後の批判的思考に有効に働く便利なツールであることを実感できるとよい。

**授業2（第16時）**

# ジャンケンさいころ

## 1 問題

2人でさいころA，B，Cのどれか1つずつ選び，これを1回投げて出た目の数の大小で勝敗を決めます。できるだけ勝つためにあなたはどう選びますか？

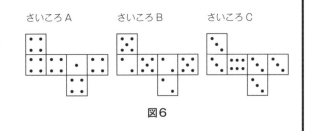

図6

## 2 活動の流れ

本時の目標は，確率を用いて不確定な事象を捉え考察し意思決定することを目標としている。本時は小単元「確率」の第6時で，いわゆる統計的確率と関連づけて場合の数をもとにした確率（数学的確率）の必要性と意味を理解するとともに，同様に確からしいことに着目して確率の求め方を考察，表現し，簡単な場合について確率を求めてきている。前時では2次元表を扱った。本時では，上記の3種類のさいころA，B，Cのどれを選べば勝ちやすいかを分担して求めて協働的に判断し，各自で意思決定する。

AとBでBが勝つ確率が $\frac{21}{36}$，BとCでCが勝つ確率は $\frac{21}{36}$，CとAでAが勝つ確率は $\frac{25}{36}$ となる。アメリカの統計学者のブラッドリー・エフロンが開発した，ジャンケンのような3すくみのさいころで「エフロンのさいころ」と呼ばれている。確率を求めて比較することで，「相手がAを選んだ後に自分はAに勝つ確率が高いBを選ぶ」など"後出しジャンケン"のような作戦を立てることができる。また，相手がどれを選ぶかわからないときには，相手がどのさいころを選ぶ確率も等しいと仮定し，自分以外の2つのさいころに勝つ場合の数を足して（例えばCなら，25＋15）ほかと比較し，その和が最大になるCを選ぶことが予想される。この3種類のさいころは，結果の予想がつきにくいうえ，意外な結果が得られ，結果の解釈や意思決定が多様に予想される。

## 3 指導と評価のポイント

導入では，ゲームのルールを伝えた後で，目の数が1～6のさいころと1のみのさいころの展開図を黒板に貼り，「どちらを選ぶか？」と問うことで和やかにかつ全員が安心して問題場

面に入っていけるようにする。そのうえで，『では次の3つではどうかな？』と本題に入ると生徒の問いが円滑に進展しやすい（図7）。

『あなたはどう選ぶ？』と意図的に曖昧に問いかけ，生徒の問題発見を促したい。「AとBなど2つずつにして比較すればよい」「確率を求めて比較すればよい」など，問題の焦点化や

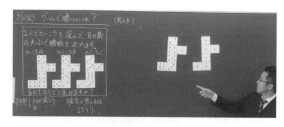

図7 特殊な2つのさいころ（右）の比較から問題（左）を提示する様子

方法の見通しを生徒自身でできるとよい。問題は印刷してノートに貼らせる。

生徒が確率に着目し始めたところで，4人程度のグループの形に机を動かしてホワイトボードとペンを配付する。確率を求める方法はノートに記述するように伝え，①得られた確率，②その確率をもとにどう選ぶか，の2点を書かせるように指示する。そうすると，AとBでどちらの勝つ確率が大きいかなどを分担して作業できる。また，求めた確率の正誤確認を各自のノートを見せ合って行うことができ，すべて正しければホワイトボードに上記①②を書くという流れになる。制限時間を事前に伝え，黒板に貼らせるとよい（図8）。

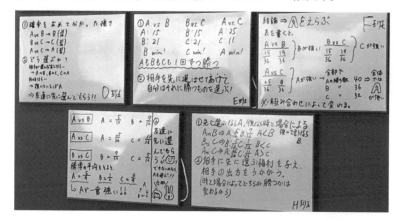

図8 各グループが求めた確率と意思決定についての記述の例

図8を見ると，求めた確率はどの班も同じであるが，意思決定は多様にある。最後にはグループでは出しきれなかった自分自身の意思決定をノートに記述するようにするとよい。なお，さいころを1つ増やし，図9のような4つで考察をレポートなどで深めることも考えられる。和は20，18，18，16とバラバラになっているが，「A→B→D→C→…」と循環している。

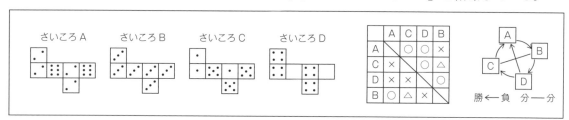

図9 発展的な問題設定の例

## **3**年　多項式 （全19時）

# 数や図形の性質を証明するために
# どんな式変形が必要？

## **1** 典型的な単元の流れと目指す単元の流れ

| 典型的な単元の流れ | 目指す単元の流れ |
|---|---|
| ［出会う・深める］　単項式と多項式の乗法，多項式を単項式でわる除法，簡単な一次式の乗法，簡単な式の展開の方法を知る。（△既習の計算方法との関連づけが不十分）　既習の式の展開の方法を特殊化したり面積図と関連づけたりするなどして，乗法公式を知る。（△計算法則を統合的・発展的に考察する機会としたい）　式をひとまとまりに見るなど，やや複雑な式を展開する方法を知る。（△既習と関連づけて生徒が考察する機会としたい） | ［出会う・深める］　単項式と多項式の乗法，多項式を単項式でわる除法，簡単な一次式の乗法，簡単な式の展開の方法を，既習の計算方法と関連づけて見いだし理解する。　既習の式の展開の方法を特殊化したり面積図と関連づけたりするなどして，乗法公式を見いだす。　式をひとまとまりに見るなど，やや複雑な式を展開する方法を既習の計算方法と関連づけて考察する。 |
| ［出会う・深める］　式の展開と関連づけて，因数分解の意味や計算の方法を理解する。乗法公式を用いた因数分解の方法を理解する。（△計算方法を主体的に見いだす機会としたい）　式をひとまとまりに見るなど，やや複雑な式を因数分解する方法を，既習の計算方法と関連づけて考察する。 | ［出会う・深める］　式の展開と関連づけて，因数分解の意味や計算の方法を見いだす。乗法公式を用いた因数分解の方法を見いだす。　式をひとまとまりに見るなど，やや複雑な式を因数分解する方法を，既習の計算方法と関連づけて考察する。 |
| ［使う］　乗法公式を用いる簡単な式の展開や因数分解を活用して，数や図形の性質が成り立つことを説明する。 | ［使う］　乗法公式を用いる簡単な式の展開や因数分解を活用して，数や図形の性質が成り立つことを説明する。 |

# **2** 本単元を貫く数学的活動の過程

## ■ 式の展開と出会い，深める（A2，A3，A4，X2）

　単元の導入では，既習の計算方法を用いて数や図形の性質を説明する場面を設け，新たな計算方法を見いだし活用できるようになることが，単元のゴールであることを理解できるようにする。そのうえで，2年までにできた計算とまだできない計算との境界線を意識させ，既習の方法を用いて同様に計算ができるか，より効率的な方法は見いだせないかと生徒自身が考え，生徒同士で話し合うなど，表現する機会を設けるようにする。その際，面積図との関連づけを重視する。乗法公式の必要性や多項式を文字で置くよさを実感したり，計算のしくみを深く理解したりすることで，問題場面に応じてそれらの方法知を活用できるようにする。

## ■ 式の因数分解と出会い，深める（A2，A3，A4，X2）

　式の展開と式の因数分解は，前提と結果が反対になっている式変形である。式の展開で関連を意識して用いてきた面積図と関連づけて，式の因数分解の意味を理解できるようにする。その際，1年で学習した因数分解（$12 = 2^2 \times 3$）や，2年の分配法則を用いた式変形（例えば，$4n + 4 = 4(n + 1)$）も因数分解とみることができることに気づかせる。また，乗法公式を用いたり式をひとまとまりに見たりするなどの工夫は，式の展開の学習でも経験しているので，これと関連づけて進めていくようにする。

## ■ 計算を数や図形の性質の説明に使う（A2，A3，X1，X2，X3）

　本単元のこれまでの学習では，「次の式を展開しなさい」「次の式を因数分解しなさい」と問われる学習をしてきた。しかし，性質の説明では，与えられたり自らつくったりした式を展開すればよいのか，因数分解すればよいのか，それ以外の変形をすればよいのかを生徒自身が判断する必要がある。数や図形の説明においては，何のために式をどう変形すべきなのか見通しを立てたり，一連の説明の後にどういうときにどのように式変形することが有効だったのかを生徒が振り返って意識化したりする場面を大切にする。その繰り返しにより，式の計算を問題場面に活用する力が身についていくと期待できる。

## ■ 単元を通して

　本単元では，多項式の計算について**「効率的に計算する方法はないか？」**と探究することにより，場合分けして考察したり見いだした方法知を整理したりする力が生徒たちについていく。一方的に生徒に公式などを知らせるのではなく，生徒が自ら考え表現する機会を設けたい。

　また，数式と面積図とを関連づけて考察することで，抽象の世界と具体の世界を行き来しな

がら生徒の理解を深められるようにしたい。その経験は生徒の新たな問いや納得を生むとともに，結果として図形の性質の説明の場面に活かされる。なお，数や図形の性質の説明では，性質を予想する場面を大切にし，反例を挙げて成り立たないことを説明することも取り上げる。

# 3 単元の一覧表

## 1 目標

○単項式と多項式の乗法，多項式を単項式でわる除法，簡単な一次式の乗法，乗法公式を用いる簡単な式の展開や因数分解をすることができる。

○すでに学習した計算の方法と関連づけて，式の展開や因数分解をする方法を考察し表現したり，文字を用いた式で数量及び数量の関係を捉え説明したりすることができる。

## 2 単元の問い

数や図形の性質を証明するためにどんな式変形が必要か？

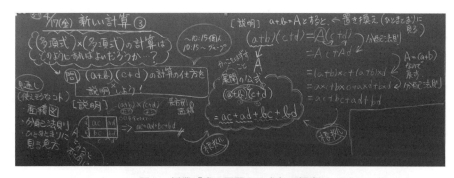

図1　授業「式の展開の公式」の板書

図2　授業「積の回文」の板書

## 3 単元設計のコンセプト

### 小単元の問い：多項式と多項式の乗法の計算はどうすればよいのか？

| 問い［教材］ | 知識・技能 | 思考力・判断力・表現力等 |
|---|---|---|
| 多項式と単項式の乗除は既習の方法と同じようにできるのか？［面積図］ | | 既習の計算方法に帰着して計算方法を見いだすこと |
| 多項式と多項式の乗法は既習の方法と同じようにできるのか？［面積図］ | 式の展開の意味 | 具体的な図と関連づけて多項式の計算の意味を解釈すること |
| 多項式と多項式の乗法の計算を簡単にできるような公式をつくれないか？［面積図］ | 乗法公式 | 特殊化したり場合分けしたりすることで乗法公式を見いだすこと |
| 複雑な計算を正確に行おう。 | 複雑な計算 | |

### 小単元の問い：式の展開と反対の計算はできるか？

| 問い［教材］ | 知識・技能 | 思考力・判断力・表現力等 |
|---|---|---|
| 式の展開と反対の計算はどうすればできるか？［面積図］ | 因数分解の意味 | 具体的な図と関連づけて因数分解の計算の意味を解釈すること |
| 因数分解を効率よく行うために乗法公式をどう使えばよいか？ | 因数分解への乗法公式の用い方 | 乗法公式の効果的な用い方を検討すること |

### 小単元の問い：数や図形の性質がいつでも成り立つことを説明することに，乗法公式や式の展開は使えるか？

| 問い［教材］ | 知識・技能 | 思考力・判断力・表現力等 |
|---|---|---|
| 数の性質を説明するにはどうすればよいか？［連続する整数］［積の回文］［速算法］ | 文字式で数量や数量の関係を捉え説明する方法の理解 | 数や図形の性質を証明するために，式の展開や因数分解を活用すること |
| 図形の性質についても，数の性質と同様に説明できるだろうか？［道路の面積］ | | 数や図形の性質を統合的・発展的に考察し説明すること |

1年

2年

3年

多項式

授業1（第1時）

# 円周と円周の和の関係

## 1 問題

> 右の円Aの円周（実線）と円B，Cの円周（点線）の和とではどちらが長いかについて，数学的な根拠を明らかにして説明しよう。

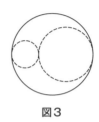

図3

## 2 活動の流れ

本時は，既習の知識を活用して図形の性質を説明する活動を通して，「多項式」を学習する必要性を理解することを目標としている。また，中学校最後の1年間の数学の学習を充実したものとするために，統合的・発展的な考察を基本とする数学の学び方やノートづくりの要点を理解することについても本時の副次的なねらいとする。

まず，半径6cmの円Aと半径2cmの円B，半径4cmの円Cを，円Aの中に円B，Cがぴったり入るように作図させる。そのうえで問題を提示して結果を予想し，長さが等しいことを説明させる。そして，円B，Cの半径をそれぞれ$m$，$n$などと文字で置いて一般化し，説明させる。授業の最後には，新たな問いをノートに書かせて共有することで，数学の奥深さについてふれる。

## 3 指導と評価のポイント

本時は，筆者が3年で担当する生徒たちとの最初の授業である。年間指導計画や学習評価，授業での持ち物，心構えなどについてのプリントなどを使った1年間の学習のオリエンテーションは，本時の学習活動を踏まえて次時に行う。「数学的活動を通した学習方法のオリエンテーション」を本時で行う。

指導に当たっては，多くの生徒が安心して取り組めるよう，2年での既習事項のみを使った図形の性質の説明を取り上げる。まず，具体的な長さの円A，B，Cの円周の関係を見いだし，これを説明する。そのうえで，**『長さが変わっても同じことがいえると思う？』** などとゆさぶりをかけ，実際に極端な図をフリーハンドで板書して予想させる。そして，長さを一般化して同様の結果になるかどうかを文字式を用いて説明させるようにする。はじめの具体的な長さの

円における説明はほとんどの生徒が記述できるので，その後の文字式での説明でははじめの説明を真似して進めるように，必要に応じて助言するとよい。数学の学習では，困難に直面したときには，過去に得たことが使えないかどうかを探ることから始める。このことを授業では強調したい。また，授業の最後には，『円周と円周の和が等しいという関係は，どんなときでも成り立つってことだね』『本当にどんなときでも成り立つのかな？』と問いかけ，ゆさぶりをかけるようにする。つまり，円Aの中に円が2つあるときにはいつでも成り立つことがわかったが，円が3つあるときには成り立つことはまだいえていないという境界線を意識させるのである。どの範囲でいえることなのかを意識することで，統合的・発展的に考察することの意味にふれられるとよい。この点については，単元やその後の学習でも引き続き指導していく。

授業の最後には，一連の学習の過程を振り返り，どのような計算を使っていたのかを意識化させる。具体的には，分配法則を使って（多項式）×（単項式）の計算を説明に使った。本単元では，ここの計算が新しくなり，できる計算の範囲を増やしていくことが大きなねらいであることを伝えるようにする。それにより，生徒は本単元を学ぶ必要性を感じながら学習を進めていくことができる。そのうえで，図4の板書のような，計算の方法を学ぶ授業の動機づけにつなげていき，単元の後半に予定している数や図形の性質の説明で活用できるようにしていく。

なお，授業の最初にノートづくりのポイントを板書して説明しておき，その後の説明の場面では，ポイントを意識してノートへの記述に取り組むようにさせる。授業後にノートをいったん回収し，一言ずつコメントを添えて翌日に返却すれば，その後の授業では「同じようにノートづくりを頑張っていこう」「もっとこう書き残すようにしていこう」などと各自が具体的な目標を設定でき，動機づけが期待できる。最初が肝心である。教師と生徒の信頼関係づくりの一助ともなるだろう。ノートづくりの目的には，問題を解くことや内容を覚えることなどもあるが，必要な場面で振り返りの対象として活かすことも高次の目的である。授業での問題の解決の見通しが立たないとき，過去のノートを見返すことで新たな見通しをもてるように，学習の課程や結果を後で見てわかりやすいように残させたい。

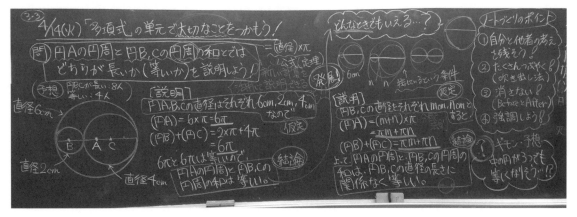

図4　本時の授業

**授業2（第15時）**

# 連続する整数の平方の差

## 1 問題

> 2つの連続する整数の平方の差は，その整数の和になることを説明しよう。
> ただし，差は大きい方から小さい方をひくものとします。

## 2 活動の流れ

　本時は，文字を用いた式で数量及び数量の関係を捉え，数の性質が成り立つことを説明することができることを目標としている。2つの連続する整数のうち，小さい方を $n$ とすると，大きい方は $(n+1)$ と表される。それぞれの平方の差は，

　$(n+1)^2 - n^2 = 2n+1 = n+(n+1)$

と変形でき，結果の式から，2つの連続する整数の和になっていることが読み取れる。

　本時では，具体的な数から成り立ちそうな事柄を予想させ，生徒の言葉をつなげたり洗練させたりして命題の形で言語化する。そのうえで予想した事柄を文字を用いて説明する機会を設ける。その際，問題発見，見いだした事柄の言語化，目的に沿った式の変形と読みを重視する。

## 3 指導と評価のポイント

　2年までの知識と数学的活動の経験をもとに，数や図形などの性質が成り立つことを文字式を用いて説明できるようにすることが思考力・判断力・表現力等として大切である。

　指導に当たっては，成り立つ性質を生徒が予想し，「どんなときでも成り立つのか？」という問題を発見する過程を重視し，生徒に自分なりに表現させたい。例えば，式 $5^2 - 4^2 = 9$ や式 $(-6)^2 - (-7)^2 = -13$ など教師から具体的な数の計算を例に出し，『**左辺に共通することは何だろうか？**』『**右辺に共通することは何だろうか？**』と問いかける。このように仮定と結論に当たる部分とを別々にして発言させると，生徒は表現しやすくなる。それにより，例えば，「隣の数」「たした数になっている」などといった生徒の非公式な表現を引き出すことができ，数学的に洗練される前の表現から生徒の納得が生まれる。また，上記のような生徒が予想した表現をもとに見いだした事柄を命題として言語化する過程を重視し，生徒たちの言葉をつないで命題をつくるようにしたい。生徒が成り立つと予想した命題を教師が一方的に言語化してまとめるのではなく，生徒自身が言語化するように仕向けるのである。例えば，左辺に関しては，「ひき算」「二乗−二乗」「1つ小さい数」「整数」といった表現から「2つの連続する

整数の平方の差」のように，右辺に関しては，「たすとなっている」「2つの和」といった表現から「その2つの整数の和になる」のように洗練して表現することが考えられる。このような過程を経験することで，今後の学習では見いだした事柄を命題の形式で生徒自ら表現できるようになることが期待できる。

さらに，説明の進め方については，2年での学習経験を振り返り，
① 数量を文字で置く
② 条件に合うように式を立てる
③ 目的に応じて式変形する
④ 式の意味を読み取り結論を導く

という手順を踏まえて取り組ませたい。また，③については，仮定部と結論部の2種類の式をそれぞれ変形（式の展開や因数分解など）して等しくなることを示す方法（図5の中央）と，仮定部の式を変形することにより結論部の式で表せることを示す方法（図5のやや右）の両方を扱うようにしたい。教科書などでは，図形の性質の説明で前者，数の性質の説明で後者が扱われていることが多い。前者の方が平易であるが，後者の方がやや簡潔である。

なお，3年とはいえ，文字が表す値やその範囲について理解が不十分な生徒もいると予想される。文字式による説明を終えた後に例えば，具体的な数の式$100^2-99^2=(100+99)(100-99)$や文字式$(n+1)^2-n^2=(n+n+1)\times(n+1-n)$と因数分解して表すことで，なぜ和になるのか，そのしくみがよりいっそう理解できる。抽象的な文字式での表現と具体的な数での表現のつながりについて，実感を伴って理解できるように留意する。また，必要に応じて，面積図での表現などを関連づけて扱うことも考えられる。

授業の最後には，『連続しないならどんなことがいえるかな？』『整数ではなかったらどんなことがいえるかな？』と問いかけるとよい。そこから，条件を「差が2の整数」「差が1の小数」などに変えても同じ結果がいえるかなどに生徒が問いを焦点化し，統合的・発展的な考察に家庭で取り組ませることにより，数の性質とその説明の理解を深められると期待できる。

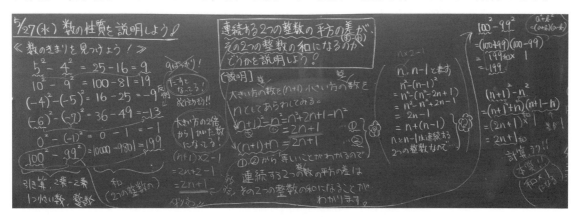

図5　本時の板書

## 授業3（第18・19時）
# 道路の面積

### 1 問題

道幅一定の道路の面積が，センターラインと道幅の積で求められることを説明しよう。

### 2 活動の流れ

本時は，文字を用いた式で数量及び数量の関係を捉え，図形の性質が成り立つことを説明することができることを目標としている。例えば，図6のように道幅一定の道路の図形では，その面積をS，道幅を$a$，センターラインを$\ell$とすると，$S = a\ell$の関係が成り立つ。

本時では，具体的な長さが与えられた図形から成り立ちそうな事柄を予想させ，等式$S = a\ell$で表す。そのうえで，予想した事柄について図形を変えて統合的・発展的に考察し，その過程を説明する機会を設ける。その際，問題発見，それまでの説明を真似ること，問題づくりによる探究を重視する。

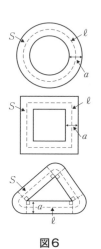

図6

### 3 指導と評価のポイント

本時は，本単元の最後に位置付ける。それまでには数の性質の説明を扱ってきた。この経験をもとに，領域横断的な教材を扱い，統合的・発展的に考察することのよさを実感させたい。

指導に当たっては，具体的な長さが与えられた図形の面積を複数求める過程で，式の計算のしくみやS = $a\ell$の関係に気づかせ，いつでも成り立つかについて生徒が問いを抱けるようにする（図7の左）。そのうえで，具体的な長さを文字で置き，生徒が説明する機会を設ける。

また，前時までの説明の方法を真似て取り組ませることで，見通しをもって取り組めるようにしたい。数や図形の性質の説明の方法には，仮定部と結論部の2種類の式をそれぞれ変形して等しくなることを示す方法と，仮定部の式を変形することにより結論部の式で表せることを示す方法がある。困ったときに過去のノートを見返して生かす習慣をつけておきたい。

さらに，第19時までで得られた結果を振り返り，条件を変えて発展させ，1ページ程度のレポートを作成することも考えられる。図形や次元などを変えてもS = $a\ell$が成り立つのか，どの範囲まで成り立つのかなどについて生徒自身に探究させるのである。具体的な問いを数名に発表させると，苦手な生徒も具体的に進めやすい。楽しみながら探究することで，気がつけば

図形の性質の説明が得意になっていることを期待したい。進んだ生徒はドーナツの形（円環体）に図形を発展させ，（回転体の体積）＝（回転体の重心の軌跡）×（回転体のもとの平面図形の面積）という関係（パップス＝ギュルダンの第二定理）を直観的に見いだしたり，Webなどでの情報（円環体の体積の公式）と自分の考えとの整合を調べたりすることもある。数学のよさを実感できるチャンスになる。

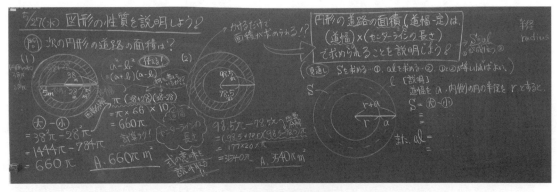

図7　第18時の板書

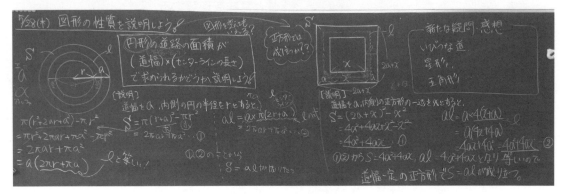

図8　第19時の板書

なお，正方形から導入するとその後の統合的・発展的な考察に必要なアイデアが多様に出せる（図9）。教師の手を離れた活動を単元末にどの程度設けるかを視野に検討したい。

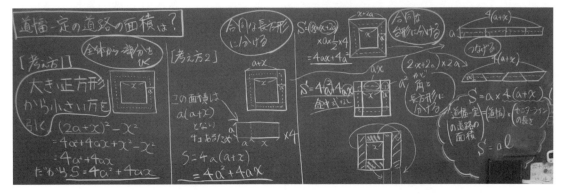

図9　正方形から導入した授業の板書（次時に円，問題づくりによるレポート作成へと発展させる）

**3**年　**平方根**（全17時）

# ２乗する前の数はこれまでと同様に計算できる？

## **1** 典型的な単元の流れと目指す単元の流れ

| 典型的な単元の流れ | 目指す単元の流れ |
|---|---|
| [出会う]<br><br>　具体的な面積をもつ正方形の１辺の長さを考えることから，正の数の平方根の必要性と意味を理解する。<br><br>　正の数の平方根の表し方や記号，用語について知る。<br><br>　数の範囲を拡張し，無理数を含めた数の集合について整理する。（△近似値をよく使うが，その意味を十分には理解できていない）<br><br>[深める]<br><br>　拡張した数の範囲において，数の大小関係や演算決定，演算方法について考察し表現する。（△それまでの学習との関連づけや単元で用いる考え方の一貫性が不十分）<br><br>　根号を用いて表された数の変形方法について知る。（△分母の有理化などのよさを感じにくい）<br><br>[使う]<br><br>　具体的な事象の問題に，正の数の平方根を用いて考察する。 | [出会う]<br><br>　具体的な面積をもつ正方形の１辺の長さを考えることから，正の数の平方根の必要性と意味を理解する。<br><br>　正の数の平方根の表し方や記号，用語について知る。<br><br>　数の範囲を拡張し，無理数を含めた数の集合について整理する。<br><br>　誤差や近似値，$a \times 10n$ の形の表現について理解する。<br><br>[深める]<br><br>　拡張した数の範囲において，数の大小関係や演算決定，演算方法についてそれまでの学習を関連づけて考察し表現する。<br><br>　根号を用いて表された数の変形方法について知り，そのよさを見いだす。<br><br><br><br>[使う]<br><br>　具体的な事象の問題に，正の数の平方根を用いて考察する。 |

# 2 本単元を貫く数学的活動の過程

## ▎正の数の平方根と出会う（A1，X2）

　1年では，負の数を含めて数の世界を拡張した。本単元では，無理数を含めて数の世界を拡張していく。具体的な面積をもつ正方形の1辺の長さを発展的に考察することにより，数の簡潔な表現として正の数の平方根の必要性に気づかせる。そのうえで，正の数の平方根の表し方や記号，用語について理解できるようにする。例えば，それまで4と表していた数を$\sqrt{16}$と表すことは，生徒にとって意外であるとともに，「$\sqrt{4}=2$」「4の平方根は2と$-2$である」と混同しやすい。大小関係を考察することでその理解を進めつつ，拡張した数の世界にも目を向け，無理数を含めた数の集合について整理する。なお，$\sqrt{2}$を1.4と近似値で表す場面などを捉え，誤差や近似値，$a\times10n$の形の表現について理解する。

## ▎正の数の平方根を深める（A2，A3，A4，X2，X3）

　1年では正負の数について，小学校までの流れを踏まえ，大小関係，演算決定，計算方法について考察し，理解を深めてきた。3年でもこの流れをもとに，正の数の平方根について面積図など具体的な事象と関連づけながら，数直線などを用いて考察し表現する。その際，**「これまでと同じようにできるか？」**という問いを継続して取り上げ，過去の学習と関連づけながら統合的・発展的に考察できるようにする。例えば，予想と結果が異なる場面，$\sqrt{a}+\sqrt{b}$の計算について考える場面では，具体例や反例を挙げて説明する機会を設ける。このような考察を通して数の表し方を工夫できるようにし，理解を深めていく。

## ▎正の数の平方根を使う（A1，X1，X3）

　具体的な問題の解決を通して，生徒の身の回りに正の数の平方根がひそんでいることに気づけるようにする。ただし，正の数の平方根は，その後の二次方程式，相似な図形，三平方の定理などの学習でも繰り返し使っていくため，ここで無理に時間をかける必要はない。また，問題の解決の過程で生徒が未知数を文字で表すことがある。二次方程式につながる生徒の考えを避けるのではなく積極的に取り上げ，「二次方程式」単元に橋渡ししていく。

## ▎単元を通して

　正の平方根は生徒には「新しい数」であるとともに，既知の数の根号を用いた「新しい表現」でもある。できるだけ実感を伴って学習が進められるように，様々な場面で数直線を用いて考察・説明する機会を設ける。数直線を用いた考察は，座標平面や平方根の学習にもつながる。意味と表現の理解には時間がかかるので，苦手な生徒の声に耳を傾けながら進めたい。

また，大小比較や計算方法の学習では，近似値で考える，両方を2乗して考える，両方に同じ数をかけて（わって）考える，面積図で考えるといった考え方を引き出し，繰り返し用いていく。様々なアプローチで「新しい数」に迫れるように，学習の積み重ねを大切にしたい。

# 3 単元の一覧表

## 1 目標

○正の数の平方根の必要性と意味，演算決定や計算方法について理解し，目的に応じて四則計算をすることができるとともに，具体的な事象の問題の解決に活用することができる。

## 2 単元の問い

> 2乗する前の数はこれまでと同様に計算できるか？

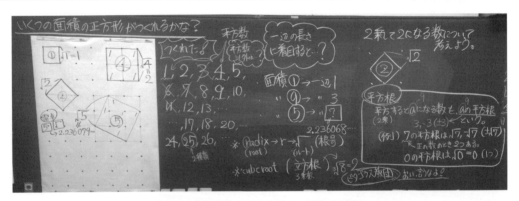

図1　授業「様々な正方形の1辺」の板書

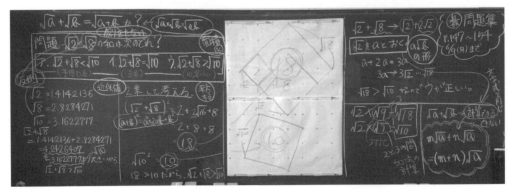

図2　授業「加法の計算」の板書

## 3 単元設計のコンセプト

### 小単元の問い：２乗する前の数はどのような数なのか？　これまでの数とどう違うのか？

| 問い［教材］ | 知識・技能 | 思考力・判断力・表現力等 |
|---|---|---|
| 具体的な面積をもつ正方形の１辺の長さはいくつだろうか？　表しにくい数のよい表し方はないだろうか？［面積図（正方形）］ | 正の数の平方根の必要性と意味　用語「根号」「平方根」や根号を用いた数の意味 | 複数の正の数の平方根の大小を，近似値や２乗するなど多様な方法で判断し表現すること |
| ４と５とではどちらが大きいだろうか？　また，その理由を説明しよう。 | 正の数の平方根の大小関係を，不等号を用いて表すこと | |

### 小単元の問い：根号を含む数で計算はできるのか？　できるなら，どのようにすればよいのか？（これまでの計算とどう違うのか？）

| 問い［教材］ | 知識・技能 | 思考力・判断力・表現力等 |
|---|---|---|
| 根号を含む数で乗法・除法はできるのだろうか？　どのようにすればよいのだろうか？［面積図（長方形）］ | 根号を含む数の乗法，除法の方法の理解と計算　根号を含む数を正しく変形すること | 文字式など既習の計算と関連づけて，根号を含む数の計算の方法について表現したり解釈したりすること |
| 根号を含む数で加法・減法はできるのだろうか？　どのようにすればよいのだろうか？ | 根号を含む数の加法，減法の方法の理解と計算 | 計算法則にもとづいて根号を含む計算を能率的に行う方法を見いだすこと |
| 根号を含む数の入った加減乗除の混じった計算はどのようにすればよいだろうか？ | 根号を含む数の入った式の展開など，加減乗除の混じった計算 | 計算法則など根拠を明らかにして計算の工夫について考察し表現すること |

### 小単元の問い：具体的な場面に正の数の平方根はあるのか？

| 問い［教材］ | 知識・技能 | 思考力・判断力・表現力等 |
|---|---|---|
| 身の回りに根号を含む数はあるのだろうか？［Ｂ判の秘密，コピー機の倍率］ | 身の回りに具体的な場面で正の数の平方根がひそんでいること | 平方根の意味の理解にもとづいて，未知の値を求める方法を考察し表現すること |

131

授業1（第2・3時）

# 正の平方根の乗法

## 1 問題

1辺が$\sqrt{6}$の正方形と，縦$\sqrt{5}$，横$\sqrt{7}$の長方形とでは，どちらの面積が大きいだろうか？

## 2 活動の流れ

　本時は，正の平方根の乗法の計算の方法について，それまでの学習と関連づけて考察し表現することを目標としている。

　本時の冒頭では，正の平方根の大小比較とその理由の説明に取り組ませ，単元の学習で繰り返し用いる重要な考え方を引き出し，生徒たちに自覚化させる。そのうえで，乗法の計算方法について考えていく。なお，長方形の具体的な面積を考えるということで演算決定にもふれるとともに，次の除法の学習につなげていく。

## 3 指導と評価のポイント

　前時では，具体的な数の面積をもつ正方形を，格子点を用いてかく活動を通して，正の平方根の必要性と意味について長さの実感を伴って理解している（図1）。本時でも正方形の面積を引き続き関連づけて授業を進めていく。

　指導に当たっては，単元の学習で繰り返し用いる大切な考え方を生徒から引き出し，そのよさを実感する機会を設ける。具体的には，まず$\sqrt{4}$と$\sqrt{5}$の大小関係を示す説明を多様に求め，近似値で考える，両方を2乗して考える，（第1時の）面積図で考えるなどといった方法を生徒から引き出す。近似値で考える方法は，正の数の平方根を量として捉える大切な考え方である。両方を2乗して考える方法は，幾何的に捉えると面積図で考えることにつながる。「二次方程式」を見据え，2乗した後にもとに戻すときは，もとの数の正負を考える必要があることにふれるようにしたい。

　大小関係について，$\sqrt{4}$と$\sqrt{5}$以外の数例でも試した後で，ほかの例でも同様に確かめ，$a>0$，$b>0$のとき，$a<b$ならば$\sqrt{a}<\sqrt{b}$であることを認めていく（図3）。同様の方法で確かめることにより，苦手な生徒にも前述の考えを印象づけられることが期待できる。また，振り返ると数の大小比較は"長さ比べ"と捉えられる。そこで，比較対象を1次元から2次元に発展させ，四角形の面積による"広さ比べ"へと問いを変えていく。本時では，1辺$\sqrt{6}$の正方形と縦$\sqrt{5}$，横$\sqrt{7}$の長方形とで比較する。平方根の意味から $(\sqrt{6})^2=6$ とわかるが，

「$\sqrt{5}\times\sqrt{7}=\sqrt{35}$となるのか？」を本時の主たる問いとして焦点化していく。ここで，生徒には"長さ比べ"で出した考え，特に2乗して考える方法を，$\sqrt{5}\times\sqrt{7}=\sqrt{35}$になることを示すために使わせたい（図4）。近似値で考える方法は結果を見積もるため，2乗する考えは演繹的に示すためにそれぞれ有効であり，その役割は異なることに留意したい。

なお，演算決定については，長方形の面積を求めるために立式する際，無理数と無理数の乗法を認めていく。また，$\sqrt{a}\times\sqrt{b}=\sqrt{ab}$と一般化し，同様に演繹的に示すことができることを確認する。

時間が許せば，乗法から除法に発展させ，同様の方法で示すことができることを確認する。乗法では考察し表現する機会を十分に設けたが，除法では教科書などを用いて時間をかけずに確認する程度とすることも考えられる。

授業の最後には，練習問題を解かせて確認する。教師から式を与えず，生徒に正しい計算の式を書かせたり，共有させたりすることも考えられる。そのうえで，計算の仕方を自分なりの言葉で整理させるとよい。例えば，「根号のついた数同士の乗除の計算は，根号の中の数同士で計算して後で根号をつければよい」などの記述が考えられる。本時で得られた結果とともに，有効であった方法に再度目を向け，その後の加減の学習の問いにつなげていく（図4）。

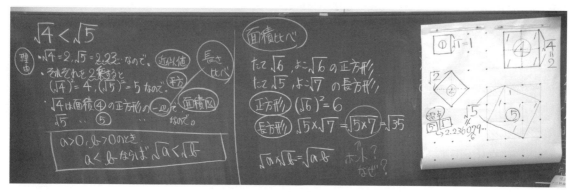

**図3　本時の板書（前半）**

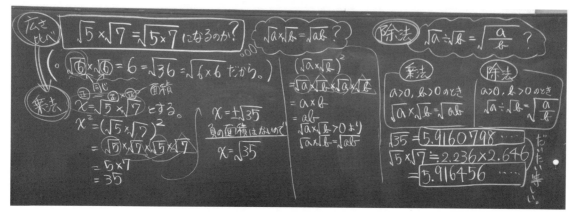

**図4　本時の板書（後半）**

授業2（第17時）

# B判の秘密

## 1 問題

　Ｂ５判の２枚合わせたサイズをＢ４判といいます。
Ｂ５判とＢ４判はともに形が同じになります。
　この特別な長方形の縦の長さと横の長さの比はどうなっているのでしょうか。

**図5**　Ｂ５判の教科書を並べたイメージ

## 2 活動の流れ

　本時は，具体的な事象に，正の数の平方根を活用することができることを目標としている。正の数の平方根は，その後の二次方程式や相似な図形などの学習で頻繁に用いられる数の表現方法であり，その活用場面は多い。ここでは，身近な場面にひそむ正の数の平方根に気づかせ，実体のある長さによる実感を伴いながら説明に用いることができるようにする。

　Ｂ５判やＢ４判は，生徒が日々使っている教科書やノート，プリントに多く使われており，生徒にとって身近である。Ｂ５判を長辺で２つ並べると相似なＢ４判になるが（図5），その辺の比は（短辺）:（長辺）＝ $1:\sqrt{2}$（白銀比）となっている。本時では，数学の教科書でＢ５判やＢ４判をつくり，その辺の長さを実測することで直観的，帰納的に $1:\sqrt{2}$ に気づいたり，その理由を演繹的に説明したりする機会を設ける。

## 3 指導と評価のポイント

　本時は，単元末に実施し，本単元での学習を踏まえて，次の単元「二次方程式」につなげていくことを意図して位置付ける。

　指導に当たっては，Ｂ５判とＢ４判の短辺，長辺の長さをそれぞれ実測させ，その比を求めて気づいたことや考えたことを表現させるようにする。それにより，多くの生徒が（短辺）:（長辺）＝ $1:\sqrt{2}$ になりそうだと推測することができる。そのうえで，推測が正しいことを，文字を用いて演繹的に説明するように促したり，全体で（短辺）:（長辺）＝ $1:x$ などと具体的に置いて $x=\sqrt{2}$ と求めさせたりする。文字で何の数量を置くかについては生徒の実態に応

じて手立てを講じたい。例えば、図6,7は実測した結果をもとに記述したもので、図7は1：$\sqrt{2}$ と仮定して考えている。図8,9は、実測した後に計算で1：$\sqrt{2}$ であることを示している。図8,9は「二次方程式」で学習する知識を用いているように思われるが、この時点での生徒なりに平方根の意味を捉えて $x$ の値を求めたものである。ここでは、二次方程式の意味や解き方などに深入りするのではなく、もっている知識を使って自力で方程式を解けたことを大いに価値づけ、その次の単元学習につなげていきたい。

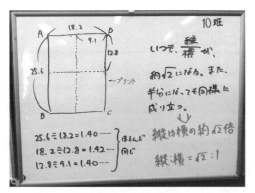
図6　実測して比を求めて比較した記述

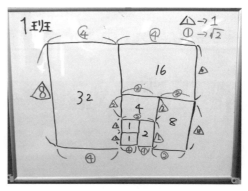
図7　実測後に白銀四角形を並べた記述

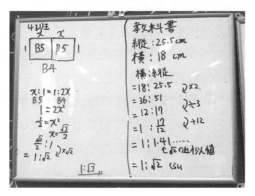
図8　平方根の意味から白銀比を求めた記述

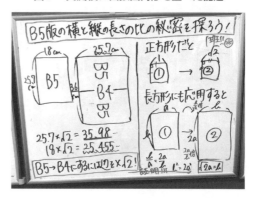
図9　等式変形から白銀比を求めた記述

本時の最後に、B5判の用紙を1枚ずつ配付し、用紙を折ることで1：$\sqrt{2}$ になっていることを体験的に確かめてみると生徒の納得を強め

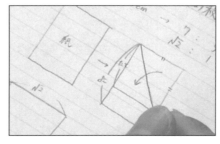
図10　紙を折って確かめる方法

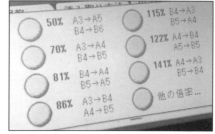
図11　コピー機の拡大倍率

ることができる。また、コピー機の画面の拡大倍率（141％　B5→B4）を撮影した画像を提示し、日々の生活の中で気づかずに平方根を使っていることを知らせることで、日常生活と数学との関連性から数学への関心を高められると期待できる。

# **3**年 二次方程式 (全16時)

# ２乗のつく方程式は
# どうすれば解ける？

## **1** 典型的な単元の流れと目指す単元の流れ

| 典型的な単元の流れ | 目指す単元の流れ |
|---|---|
| [出会う]<br>　二次方程式の必要性と意味及びその解の意味を理解する。<br>[深める]<br>　因数分解や平方根の考えをもとにして，二次方程式を解く方法を理解する。（△生徒が思考・表現して解き方を見いだすことは重視されていない）<br>　因数分解したり平方の形に変形したりして二次方程式を解く。<br>　解の公式を知り，それを用いて二次方程式を解く。（△解の公式の結果ばかりで，見いだされる過程やその価値が十分に理解されない）<br>[使う]<br>　二次方程式を具体的な場面で活用する。 | [出会う]<br>　二次方程式の必要性と意味及びその解の意味を理解する。<br>[深める]<br>　因数分解や平方根の考えをもとにして，二次方程式を解く方法を考察し表現する。<br>　因数分解したり平方の形に変形したりして二次方程式を解く。<br>　平方の形に変形する二次方程式の解き方や面積図と関連づけて解の公式が見いだされる過程を考察するとともに，解の公式を用いて二次方程式を解く。<br><br><br>[使う]<br>　二次方程式を具体的な場面で活用する。 |

# 2 本単元を貫く数学的活動の過程

## ▌二次方程式と出会う（A1，A2，X2）

　未知の値を求める具体的な問題を解決するためには，方程式を立てて解き，問題に照らして振り返ることで答えが得られることを，生徒は2年までに学習している。しかし，問題場面で方程式を立ててみると，今までにはなかった$x$の2乗を含むものとなる。生徒は問題の答えを得るために，方程式を用いない方法で答えを求めたり，試行錯誤して$x$に様々な値を代入して方程式の解を見つけたりしていくが，ここでは多様な解決を認めながらも，新たな方程式を考察の対象とすることを認め，後者の考えに焦点を当てていくようにする。$x$の様々な値と左辺，右辺の式の値の関係を対応表に表して観察する活動は，二次方程式の解の意味の理解を助けるとともに，3年や高等学校で学習する「二次関数」の素地となる。

## ▌二次方程式を深める（A2，A3，A4，X2）

　具体的な問題の解決に二次方程式が出てくるたびに，いろいろな値を代入することでその解を試行錯誤して見つけていくことは，暗算の達人以外には至難の技である。そこで，誰もが解ける演繹的な方法を見つけることを目的とし，様々な二次方程式に対する解き方を考察していく。

　「平方根」での学習を生かした方法から始め，既知の方法では求められない場面に遭遇する中で，さらに新たな方法を獲得し，そのよさを感得していくような展開を目指したい。その際，「多項式」「平方根」で重視した面積図と式変形の関連づけを大切にし，二次方程式の解の公式の学習につなげていく。

## ▌二次方程式を使う（A1，X1，X3）

　それまでの学習では，与えられた方程式を解く方法について考察してきたが，ここからは問題の解決のために何の数量を文字で表せばよいのかを生徒自身が考えることが大切になる。問題を数学の舞台にのせることが，それまでの学習からレベルアップする部分である。

　1，2年での学習と同様，方程式には，いったん立ててしまえばあとは形式的に解けばよいというよさがある。いろいろな問題に取り組む中で，立式と解の吟味の重要性に気づかせつつ，それらを含めた一連の過程を説明することができるようにする。

## ▌単元を通して

　本単元では，文章題を扱うものの，真に解決の必要性のある問題は，3年や高等学校で学習する「二次関数」に関係する問題を方程式を用いて解決する場面まで待つ必要がある。ここで

は，面積図や問題場面（具体）と方程式（抽象）を行き来しながら考察する中で，二次方程式そのものの理解や用い方の理解を深めることに焦点を当てて指導していきたい。

# 3 単元の一覧表

## 1 目標

○二次方程式とその解の意味を理解し，能率的に解くことができる。
○二次方程式を具体的な問題の解決に活用することができる。

## 2 単元の問い

> 2乗のつく方程式はどうすれば解けるか？

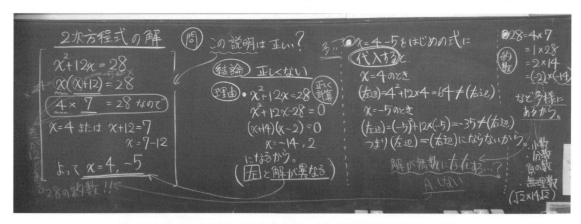

図1　二次方程式の解き方を学んだ後に改めて解の意味を強調した板書

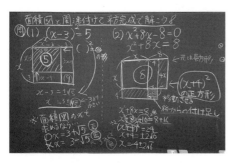

図2　授業「平行完成による解き方」の板書の一部

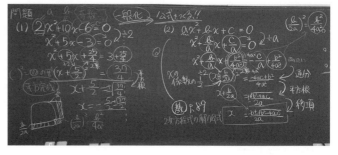

図3　授業「二次方程式の解の公式」の板書

## 3 単元設計のコンセプト

**小単元の問い：２乗のつく方程式の解は求められるだろうか？**

| 問い［教材］ | 知識・技能 | 思考力・判断力・表現力等 |
|---|---|---|
| ２乗のつく方程式の解は求められるだろうか？［花だん］ | 二次方程式の必要性と意味<br>二次方程式の解の意味 | 二次方程式の解について，様々な値を代入して考察すること |

**小単元の問い：二次方程式を論理的に解くにはどうすればよいか？**

| 問い［教材］ | 知識・技能 | 思考力・判断力・表現力等 |
|---|---|---|
| 二次方程式を論理的に解くにはどうすればよいか？［面積図］ | 平方根の意味にもとづいた二次方程式の解き方<br>因数分解を用いた二次方程式の解き方<br>平方完成する二次方程式の解き方 | 因数分解したり，平方の形に変形したりして，二次方程式を解く方法を考察し表現すること |
| どんな二次方程式も解くことができる公式をつくれるか？［二次方程式の解の公式］ | 二次方程式の解の公式<br>二次方程式の解の公式を用いた解き方 | 具体的な二次方程式を平方完成して解く方法から，二次方程式の解の公式をつくりあげる過程を類推的に考察すること |

**小単元の問い：二次方程式は具体的にどのような場面で活かせるのか？**

| 問い［教材］ | 知識・技能 | 思考力・判断力・表現力等 |
|---|---|---|
| 二次方程式を活用して問題を解く過程をどう説明すればよいか？［花だん］［箱づくり］<br>いろいろな問題を解いてみよう。［試合数］ | 二次方程式を活用して問題解決する方法 | 具体的な問題における数量関係から二次方程式を立てるために，数量関係を帰納的，演繹的に考察し表現すること<br>二次方程式を具体的な場面で活用すること |

## 授業1（第2・3時）
# 二次方程式の解き方

### 1 問題

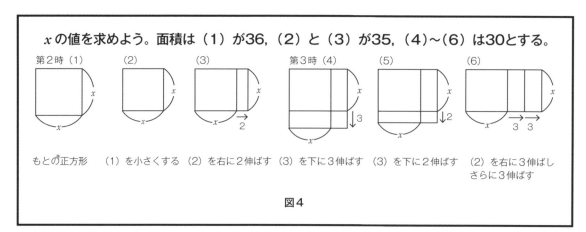

図4

### 2 活動の流れ

　本時は，二次方程式を解くために，平方根，因数分解などを用いた方法を見いだすことを目標としている。直前の「平方根」の授業「B判の秘密」や，前時の二次方程式の意味の授業で$x$の値を求めたことを振り返り，本時からは二次方程式の解き方について探究していく。

　本時では，平方根の意味をもとにして$x$の値を求めることから導入する。二次方程式の解き方について，正方形や長方形の面積図をもとに条件を少しずつ変えていくことにより，前に有効に働いた方法を試用してみたり，逆にうまく使えず新たな方法を見いだす必要性が生まれたりする。それにより，平方根の意味にもとづく方法，因数分解を用いた方法，平方完成による方法の順で，生徒自身で解き方とそのよさを見いだせるようにする。習得した知識を活用し，活用しながら新たな知識を習得するという流れにより，解き方の定着や思考力の向上を目指す。なぜ学ぶかわからないまま，教科書にある解き方を受け身で習っていく過程とは異なる。

　なお，本時で実践した面積図を変化させていく値や変化させる流れには検討の余地が多いと感じている。本時をたたき台として，ぜひよりよく改善してご実践いただきたい。

### 3 指導と評価のポイント

　第1時では，具体的な場面の数量関係を二次方程式で表し，様々な値を代入して解を得た。
　第2時では，まず面積が36の正方形の1辺の長さ$x$を，平方根の意味をもとに6と求める。次に，因数分解を用いた方法を別解として教師から紹介し，ふれておく。そして，正方形の面

積を1減らして35にして同様に1辺の長さを求める。その過程から，面積がどんな正の数でも1辺の長さは求められると推測する。その後，1辺 $x$ の正方形の横の長さを右に2伸ばした長方形の面積を35とし，$x$ の値を求めようと試みるが，平方根の意味をもとにした方法で解けない（平方完成はここでは取り上げない）。そこで，先ほど紹介した因数分解を用いた方法で試み，そのよさを感得する機会とする。最後に，教科書の問題で学習した解き方の定着を図る。

　第3時では，第2時（3）を振り返り，その長方形を下に3伸ばして面積を30として提示する。第2時で学んだ因数分解を用いた解き方で解いた後，長方形を上に1縮め，1辺 $(x+2)$ で面積30の正方形により，$x$ の値を求める。この場合も，平方根の意味にもとづいて解くことができることに気づかせていく。最後に，第2時（3）のように右に3伸ばした後，さらに3伸ばすようにして長方形をつくり，面積30として考えさせる。それにより，正方形を意図的につくり，平方根の意味にもとづいて解く考え（平方完成）を生徒から引き出すことができる。

　上記の展開に練習問題をはさむことで，式によって用いる解き方を自分なりにつかんでいくと期待される。この後の二次方程式の解の公式を見いだす学習にも発展的につなげられる。

図5　第2時の板書（前半）

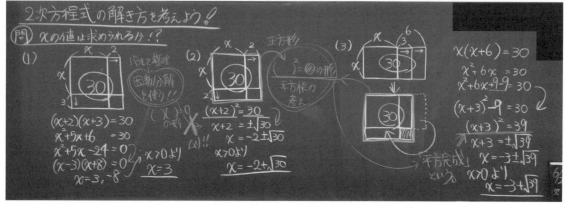

図6　第3時の板書（後半）

## 授業2（第15・16時）
# サッカーの試合数

### 1 問題

> サッカーのあるリーグ戦の全試合数が306試合あるそうです。
> そのリーグでは何チームが所属しているのでしょうか？

### 2 活動の流れ

本時は，具体的な事象の中の数量の関係を捉え，二次方程式をつくることができることを目標としている。「二次方程式」単元の最後に位置付けて2時間扱いで実践した。二次方程式を活用して問題を解決する一連の過程のうち，立式に焦点を当てているため，「二次方程式の活用」小単元の最初あるいは中盤あたりに位置付けることも考えられる。

あるチャンネルのテレビCMで，サッカーの某リーグを「全306試合放送」と流れていたことがある。このことを取り上げ，そのリーグには何チームが所属しているかを素朴な問いとして共有する。ホーム＆アウェー方式の総当たりリーグ戦なので，二次方程式 $x(x-1)=306$ が立つ。これを解くと $x=-17, 18$ が得られ，$x>0$ より $x=18$ となり，18チームと求められる。

立式の方法は，他領域にかかわって多様にある。グループで協働的に解決する機会を第14時で設け，第15時では多様な考えを全体で共有し，関連づけることで考えを深めていく。

### 3 指導と評価のポイント

第15時では，まずテレビCMの視聴経験について生徒とやり取りしてから問題を提示し，条件を設定して，結果を予想させて関心を高めていく。その後，個人で考える時間を取らず，各グループにホワイトボード（1枚）とペン（人数分）を配付して，4人程度の班員で協力して考えるように伝える。

グループ活動の前に個人で考える時間を設けることも考えられるが，本時では各自の発想の断片

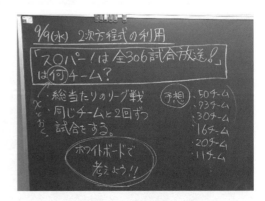

**図7　CMの話題からの問題**

を集めて1つの思考や表現を生かしていく過程を重視していく。活動のゴールはグループの全員が納得することとし，積極的な質問や意見交換を生徒たちに要求するとよい。

机間巡視では、どのタイミングで何を見ていくのかが重要となる。できるだけ生徒の活動の把握に努め、介入は必要最小限にとどめることが大切である。

まず、生徒が活動を始める場面では、「誤解なく問題を正しく理解しているか」「意見・質問を言いやすい雰囲気があるか」を確認して回る。次に、徐々に活動が進んできた場面では、「全員の生徒が参加し、考えを理解しようとしているか」「複数の活動が同時に行われているか」を確認して回り、参加していない生徒には対話から原因を探り、他の生徒とかかわるきっかけをつくるなど手立てを講じていく。さらに、活動の成果が表れてきた場面では、数学的な考えや解決の深まりに着目し、「各グループがどのような考えを進めようとして（進めて）いるか」を見て、生徒自身でねらいを達成できるように必要に応じて声をかけていく。

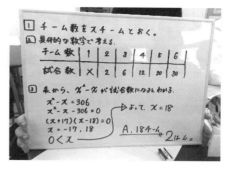

図8　対応表から立式した考え

また、「各グループの考え同士にはどのような関連があるか」を検討し、取り上げ方を構想する。例えば、図8は、チーム数と試合数を昇順に並べ、試行錯誤の末に帰納的に方程式を立てられたが、なぜそうなるのかは説明できていなかった。図9は、運動部の生徒から対戦表を使って立式する考えが出され、A～Fまでの6チームの場合の対戦表をホワイトボードにかいて30試合あることを求めた。しかし、一般化できていなかったため、『30を式で求められないかな？』と問いかけ、式を考えさせて一般化を促したところ、方程式を立てることができた。ほかにも、図10は樹形図、図11は多角形の対角線の本数といった既習事項と関連づけて立式できていた。

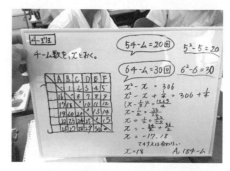

図9　対戦表から立式した考え

第16時では、図8、9、10、11の順で取り上げ、多様な数学的な考えや表現を関連づけていき、これらのよさを実感できるようにした。

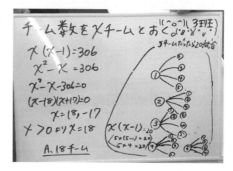

図10　樹形図から立式した考え

方程式の学習では、何を文字で置くか、どうやって式を立てるか、得られた解が何を表すか、が大切である。その各過程で必要な力を、単元を通して身につけられるように、授業のねらいを焦点化して生徒にも意識できるように促していきたい。

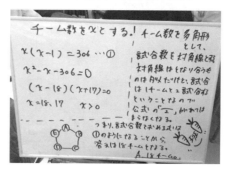

図11　多角形から立式した考え

# **3**年　相似な図形（全21時）

# 形が同じ２つの図形では
# どのような性質が成り立つ？

## **1** 典型的な単元の流れと目指す単元の流れ

| 典型的な単元の流れ | 目指す単元の流れ |
|---|---|
| ［出会う］<br><br>　日常生活や社会における拡大図，縮図の活用場面から，相似な図形を見いだす。<br><br>　相似な図形の性質について理解する。<br><br>　相似の中心，相似の位置について理解し，これを用いて相似な図形をかく。<br><br>　日常生活や社会の問題を解決するために，相似を利用して未知の値を求める。（△小学校での拡大図，縮図の学習との違いがわかりづらい）<br><br>［深める］<br><br>　三角形の相似条件について考察し，整理する。平行線と相似についての性質とその逆について考察し，整理する。<br><br>［使う］<br><br>　相似な図形の性質を空間図形に発展させて面積や体積について考察し，それぞれの比についての性質を整理する。（△単元の学習が数学の世界に閉じて終わる） | ［出会う］<br><br>　日常生活や社会における拡大図，縮図の活用場面から，相似な図形を見いだす。<br><br>　相似な図形の性質について理解する。<br><br>　相似の中心，相似の位置について理解し，これを用いて相似な図形をかく。<br><br><br><br>［深める］<br><br>　三角形の相似条件について考察し，整理する。線分の比と平行線の性質とその逆について統合的・発展的に考察し，整理する。<br><br>［使う］<br><br>　相似な図形の性質を空間図形に発展させて面積や体積について考察し，それぞれの比についての性質を整理する。<br><br>　日常生活や社会の問題を解決するために，対象となる複数の図形を相似であるとみなし，未知の値を求める方法を説明する。 |

144

# 2 本単元を貫く数学的活動の過程

## ▌相似な図形と出会う（B1，B4）

　日常生活や社会における拡大図，縮図の活用場面から2つの図形に着目して数学化し，相似な図形を明らかにする。そのうえで，相似比や相似な図形の性質について理解する。その際，実測や操作，実験を重視する。また，相似の中心，相似の位置について理解し，これを用いて相似な図形をかくことで，相似比を用いて表現するとともに，図形の相似条件に生徒の関心を向けていく。

## ▌相似な図形を深める（B2，B3，B4，X3）

　対象を三角形に焦点化し，三角形の相似条件について三角形の合同条件と関連づけて考察し，整理して用語を用いて表現する。そのうえで，三角形の相似条件を用いた図形の証明について取り組み，理解を深めていく。

　また，平行線と相似についての性質とその逆について，実測や操作，実験を通して見いだし，既習である平行線と角の性質や相似な図形の性質などを活用して統合的・発展的に考察し，整理する。その際，命題における仮定と結論を明らかにするとともに，具体的な問題に取り組むことで性質とその逆がそれぞれどのような場面で活用できるのか，性質とその逆を区別して理解できるように配慮する。

　様々な図形の性質を見いだし，既習の性質や条件を活用して証明する問題に取り組む。

## ▌相似な図形を使う（B1，B4，X2，X3）

　考察の対象を平面図形から空間図形に発展させて相似な図形の性質を拡張するとともに，図形の計量に焦点を当て，その面積比や体積比についての性質を見いだし整理する。

　日常生活や社会の問題を解決するために，対象となる複数の図形を相似であるとみなし，未知の値を求める方法を説明する。その際，現実の世界から数学化するための仮定を明らかにする過程を強調する。

## ▌単元を通して

　これまでの図形の学習と同様に，図形の性質を調べる際には，実測や操作，実験を重視し，いくつかの図から帰納的，類推的に成り立つ性質を予想して確かめたり，条件を変えるなどしてすでに成り立つ性質の適用範囲を広げたりするなど，統合的・発展的に考察する過程を重視する。その際，命題の偽を示すには，反例をただ1つ示せばよいことを理解できるようにし，命題の真を示すための根拠を見いだせない場合は，ノートの記述など過去の学びを振り返って

145

選ぶように促す。また，小学校での学習との関連を重視し，日常生活や社会の事象を理想化・単純化して数学的に考察していることを自覚できるようにする。

# 3 単元の一覧表

## 1 目標

○相似な図形に関する性質について理解するとともに，図形の性質について論理的に考察し表現することができる。

## 2 単元の問い

> 形が同じ２つの図形ではどのような性質が成り立つか？

図１　授業「四角形の対辺の中点を隣同士に結んでできる図形」の板書

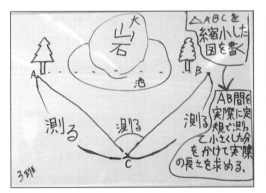
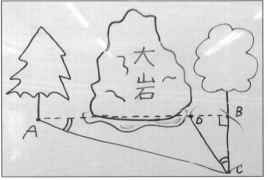

図２　授業「岩に遮られた２点間の距離」の生徒の記述

## 3 単元設計のコンセプト

### 小単元の問い：拡大図，縮図の関係にある２つの図形には，どのような性質が成り立つのか？

| 問い［教材］ | 知識・技能 | 思考力・判断力・表現力等 |
|---|---|---|
| 拡大図，縮図の関係にある２つの図形には，どのような性質が成り立つのか？［ピラミッド］相似な図形をかくにはどのような方法があるか？ | 相似の意味<br>相似な図形の性質<br>相似の位置 | 日常生活や社会における拡大図，縮図の活用場面から，相似な図形を見いだすこと |

### 小単元の問い：対象を三角形に焦点化すると，どのような条件や性質が成り立つか？

| 問い［教材］ | 知識・技能 | 思考力・判断力・表現力等 |
|---|---|---|
| ２つの三角形は，どのような条件が成り立つときに相似といえるのか？ | 三角形の相似条件<br>相似な図形の証明の進め方 | 三角形の合同から類推して，三角形の相似条件を見いだし表現すること<br>相似条件をもとに，相似である三角形の組を判別し表現すること |
| １つの頂点を共有して重なる複数の相似な三角形から，どんな性質が成り立つのか？　逆は成り立つのか？［対辺の中心を結んでできる図形］ | 線分の比と平行線の性質<br>線分の比と平行線の性質の逆<br>中点連結定理 | 条件を変えたり仮定と結論を入れ替えたり特殊化したりするなどして，相似な図形についての新たな性質について統合的・発展的に考察し表現すること |

### 小単元の問い：相似な立体ではどのような性質が成り立つか？

| 問い［教材］ | 知識・技能 | 思考力・判断力・表現力等 |
|---|---|---|
| 平面図形から空間図形に発展させると，相似な図形についてどのような性質が成り立つか？ | 相似比と面積比<br>相似比と体積比 | 相似な図形の面積比，体積比の性質を帰納的に見いだし表現すること |

### 小単元の問い：日常生活や社会では，図形の相似をどのような場面で活用できるのか？

| 問い［教材］ | 知識・技能 | 思考力・判断力・表現力等 |
|---|---|---|
| ２つの商品の量と価格から，どちらが得といえるか？［ピザ］［カップ麺］直接測れない距離を測るにはどうすればよいか？［岩で遮られた２点間の距離］［校舎の高さ］ | 図形の相似を活用して問題解決する方法 | 日常生活や社会の問題を解決するために，対象を理想化・単純化することで図形を相似であるとみなし，未知の値を求める方法を考察し表現すること |

## 授業1（第7時）
# 相似の証明

### 1 問題

図3で，△ABC∽△DAC であることを証明しなさい。

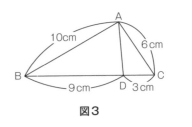

図3

### 2 活動の流れ

　本時は，三角形の相似条件などをもとにして図形の基本的な性質を論理的に確かめ表現することができることを目標としている。前時までには，相似な図形の性質，相似の位置，三角形の相似条件などを学習している。三角形の相似条件を用いた証明については授業で数問を取り上げているが，証明の表現の仕方は十分に定着していない生徒が多い時期に実施する。

　本時では，まず図3をノートにかかせ，△ABCと相似な図形を直観的に予想するように伝える。そのうえで，「△ABC∽△DACになりそうだ」という生徒の予想に焦点を当て，その証明に4人程度のグループで協働的に取り組ませる。その際，一人ひとりが証明の組み立てや表現の仕方を検討し，より簡潔・明瞭・的確な表現に迫っていけるように配慮する。授業の最後には，協働的に取り組んで学んだ成果を生かし，別の証明の問題に独力で取り組むようにさせ，自信をつけられるようにする。

### 3 指導と評価のポイント

　指導においては，まず各自でノートに正確な図をかき，成り立ちそうな結論を生徒各自に予想させる。そのうえで，全体で命題を言語化させるようにする。生徒と教材のつながりや生徒による命題の理解が深まり，取組意欲を高めることができると期待される。

　その後，座席を4人程度のグループに動かし，ホワイトボード1枚とペン1本を配って協働的に証明問題に取り組むように伝える。グループの生徒の順番を教師が決めておき，ホワイトボードなどに証明や説明を1人に1行ずつ順に書かせるようにする。筆者はこの手法を「一行リレー」と呼んでおり，方法が比較的クローズドな証明問題などで，証明問題に苦手意識をもった生徒が多いときに使っている。「話し合ってよい」「よりよい筋道や表現を目指す」という

ことを生徒たちと共通理解をもって進めることで，安心して取り組めるようになる。また，書いたホワイトボードは後で黒板に貼って共有するという見通しを事前に伝えておくと，よりよい筋道の立て方や表現の仕方について意識を高くもって取り組むようになる。「次は〇〇を書くんでいいよね？」「これでいいかな？」「ほかの方法ある？」といった会話が自然と生まれやすくなり，1人で考えるときよりもよりよい筋道や表現に気づきやすくなるわけである。机間指導では，図4の4班のように誤りがあってもできるだけ活動に関与せず，筋道や表現について望ましい対話があるかを把握することに努めるようにする。

ある程度記述が進んでくると，グループごとのホワイトボードを黒板に貼り出させ，ホワイトボードが見やすいように，座席を前向きに戻させる。時間短縮のために，各グループから発表することはせず，教師が主導して各記述を順に見ていく。必要に応じて質問などに答えるようにする。複数のグループの記述を比較・分類することで，不十分な点に気づきやすくなるだけではなく，証明を構想，構成するための着眼点や筋道立てて表現するための留意点を自覚化しやすくなる。

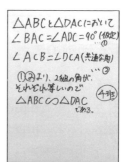

図4　1行ずつ異なる生徒が書いた記述

その後，グループ学習で学んだ成果を生かし，類似の練習問題に個人で取り組ませる（図5の右）。それにより，グループ活動で比較的教わる側であった生徒が，グループ活動で得た理解をもとに自力で証明できるようになり，自身の成長が実感する機会となる。はじめは1人ではできなかったことが，協働により少しわかってきて，これを生かして取り組んだ結果，最終的には自力でできるようになっていくという自立へのプロセスを大切にしたい。

授業の最後には，練習問題の証明を振り返り，条件を変えてさらに新たに成り立つ事柄を統合的・発展的に考察することに少しでもふれるとよい（図5の右下）。新たな問題の発見である。それにより，数学的な探究の楽しさを感得することができ，学んだことを生かして証明をまたやってみたいという前向きな気持ちを高められると期待できる。

図5　本時の板書

**授業2（第21時）**

# 校舎の高さ

## 1 問題

校舎の高さを手鏡とメジャーで求めるにはどうすればよいでしょうか。

## 2 活動の流れ

本時は，身の回りの対象を理想化・単純化することで対象から相似な図形を見いだし，未知の値を求める方法やそのための根拠について説明することを目標としている。前時までには，相似な図形の性質，相似の位置，三角形の相似条件，相似な図形の証明などを学習している。

木と自分の間の地面に鏡を置いて，相似な図形の性質を用いて木の高さを求める「水面反射法」と呼ばれる方法がある。本時では，実際に校舎の外に出て，「水面反射法」などで校舎の高さを求める活動に取り組む。事前に，同僚の教員に手伝ってもらって校舎の高さをメジャーで実測しておき（図6），授業では手鏡とメジャーと電卓を使ってその高さ（14.37m）に近い値を当てる展開とする。

グループごとに作戦を立て，実際にやってみて，その方法や根拠をホワイトボードに整理させる。それらの記述を最後に全体で共有する。

なお，「水面反射法」によって木などの高さを推定する問題は教科書に載っているが，本時では生徒自身がその方法を見いだし体験することに価値を置きたい。

**図6　事前に実測する様子**

## 3 指導と評価のポイント

百円均一店で購入した手鏡，体育科や運動部のメジャー，数学科の電卓とホワイトボード，ペンといった道具をすべてのグループの分だけ準備しておく。

本時では，部活動の垂れ幕を作成する目的から問題を提示し，4人程度のグループに分かれて，手鏡とメジャーをどのように使って校舎の高さを求めていくかについて作戦を立てる時間を設ける。そのうえで，見通しが立ったグループから上記の道具をわたす。見通しが立たず，ヒントがほしいと希望したグループには，鏡を地面に置くことを教え，『どのようにすれば校舎の屋上の線が見えるかを考えよう』と伝える。生徒の活動中に，筆者は各グループの取組状況を見て回り，質問や助言を適宜して活動の進展を促すとともに，測定や計算，ホワイトボードの記入などの分担を指示していった。

　最後の10分間で全員を集め，可動式ホワイトボードに各グループのホワイトボードを貼る。まず，実際の高さを発表し，各グループの求めた値がこれに近いかどうかを短時間で確認したうえで，求める方法や根拠に生徒の関心を誘導していく。類似の方法を分類していき，代表の班を指名して方法と根拠を発表させるようにすると，短時間で効果的な共有が可能となる。

　図7の4班と5班は，「水面反射法」を見いだしている。4班は実際と近い値を出せたが，その根拠について，人と校舎と鏡の位置関係以外は十分に説明できなかった。そこで，5班に補足説明を求めると，①光の入射角と反射角が等しいのでそれぞれを平角からひいた角同士も等しくなること，②人と校舎がそれぞれ地面に垂直に立っていること，③2つの三角形で2組の角がそれぞれ等しいので相似であることを説明し，全体で拍手を受けることとなった。ほかには，2班のように鏡を使う考えもあった。

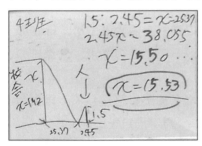 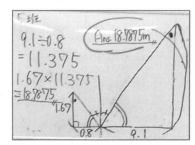 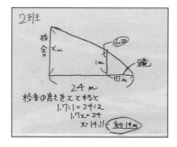

図7　生徒の記述

生徒の感想には，次のようなものがあった。

・今回の授業で初めて外に出て，いつも頭の中で想像してやっていたけれど，実際にやって考えるのがおもしろいなと思いました。また，最初は班のみんなで協力して考えたけど，なかなかひらめかずになっていたときに，少しだけほかの班とも協力してようやくひらめき，答えは合っていなかったけど，班で方法を導き出せたのでよかったです。たまには外に出る授業をよいなと思いました。

・はじめは「なんでこんな小学生みたいなことするの？」とか思っていたけれど，実際にやってみて，学習したことが利用できたことで自分の中で少し自信がついたような気がしました。数学だけでなく，理科も利用したりすることができ，習ったことを駆使することの大切さ，楽しさを知りました（鏡を使わないやり方とかも考えてみたい）。

## 3年　標本調査 (全10時)

# 一部のデータから全体の傾向を読み取るにはどうすればよい？

## 1　典型的な単元の流れと目指す単元の流れ

| 典型的な単元の流れ | 目指す単元の流れ |
|---|---|
| [出会う]<br>　標本調査の必要性と意味を理解する。<br>　無作為抽出の必要性と意味を理解する。<br>（△無作為抽出以外の標本調査を取り上げないため，「標本調査＝無作為抽出」と捉える生徒が多い） | [出会う]<br>　標本調査の必要性と意味を理解する。<br>　母集団から標本を抽出する方法の1つである無作為抽出の必要性と意味を理解する。 |
| [深める]<br>　無作為に標本を抽出し整理して，母集団の傾向を推定する。（△母集団の何を推定するのかが明確でない）<br><br><br>　標本の大きさが大きい方が，母集団の傾向を推定しやすくなることを理解する。（△標本のデータのばらつきを考察する事例が多く，違いがわかりづらい） | [深める]<br>　無作為抽出の理解を深めるため，ほかの抽出方法と比較して，その利点・欠点について検討する。<br>　無作為に標本を抽出し整理して，母集団の傾向（母比率，母平均）を推定する。<br>　標本の大きさが大きい方が，母集団の傾向を推定しやすくなることを，標本平均のデータのばらつきを比較するなどして経験的に理解する。 |
| [使う]<br>　身の回りの問題解決のために無作為抽出による標本調査を活用し，その過程や結果を説明する。（△学年末で本単元の授業時数が確保できていない例が散見される） | [使う]<br>　身の回りの問題解決のために無作為抽出による標本調査を活用し，その過程や結果を説明する。<br>　日常生活や社会にある標本調査の過程や結果について批判的に考察し表現する。 |

# 2 本単元を貫く数学的活動の過程

## ■ 標本調査，無作為抽出と出会う（D1，X1）

　集団のデータの傾向を知りたいが何らかの理由ですべてのデータ（母集団）を収集できない，あるいは収集しにくいときがある。このとき，一部のデータ（標本）から全体の傾向を推定する方法として，標本調査を学ぶ必要がある。標本調査では，標本を抽出する前に，何が母集団なのかを明らかにしておくことが大切である。社会で活用されている標本の抽出方法には，有意抽出，便宜抽出，系統抽出，層化抽出，無作為抽出など多様にある。これらの中で，目的や立場，費用などによってどれかが選択されたり組み合わされたりして実施されているが，中学校数学科では，確率的な偶然性にもとづく方法である無作為抽出に焦点を当てて学習していく。

## ■ 標本調査を深める（D1，D3，X2，X3）

　無作為抽出のよさを感じるには，ほかの抽出方法と比較して検討するとよい。また，無作為抽出とその手順について理解するためには，乱数表や乱数さい，くじ引きなどを使って手作業で学ぶことが必要である。そのうえで，傾向の読み取りや判断のために標本抽出やグラフ描画の作業負担を軽減できるように，パソコンなどの擬似乱数や統計ソフトを用いて学べるとよい。さらに，母集団の傾向をより正確に推定するねらいから，標本の大きさが大きい方が母集団の傾向を推定しやすくなることを経験的に理解させる。その際，箱ひげ図を用いると範囲や四分位範囲の変化がよく捉えやすい。母集団の傾向としては，母比率の推定と母平均の推定を扱う。

## ■ 標本調査を使う（D1，X3）

　単元の末尾には，生徒が標本調査を活用して身近な問題などを解決し，その過程や結果を説明する機会を設ける。ただし，母集団のデータが生徒の手元や目の前にあり，全数調査の実施が可能な状況で標本調査を行うことになるため，その問題解決のために標本調査の必要性は実際にはなく，ギャップが生まれてしまう。学習活動として標本調査を問題解決に活用する限界といえるので，「実際の場面の練習として」と生徒に伝えることで目的意識をもたせたい。

## ■ 単元を通して

　義務教育におけるD領域の学習の出口であり，その後に学ぶ推測統計の入口でもある。また，第三者の統計調査をもとにした結論・主張を適切に解釈し判断できる市民になるために必要な基礎を学ぶ。よって，授業時数を十分に確保すべき単元である。単元の学習では，母集団の傾向推定の根拠に母集団のすべてのデータが抽出されることは同様に確からしいと仮定していること，その結果に一定のばらつきが想定されることを繰り返し取り上げ，理解を深めたい。

# 3 単元の一覧表

## 1 目標

○標本調査の必要性と意味を理解し，無作為抽出による標本調査から母集団の傾向を推定したり，標本調査の方法や結果を批判的に考察し表現したりすることができる。

## 2 単元の問い

**一部のデータから全体の傾向を読み取るにはどうすればよいか？**

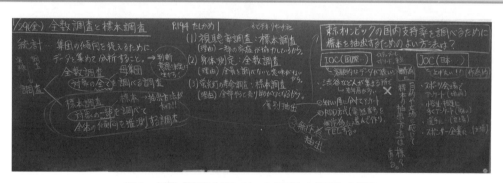

図1　授業「東京オリンピックの国内支持率」の板書

**図13**　A中学校の広報委員会の企画によるお昼の放送で，「A中生が好きなアーティスト・ランキング」の調査結果が発表されました。まことさんやその周辺の友達は，自分たちがアンケートされてない上，ランキングに偏りが大きい気がして変だと思い，この企画の担当である広報委員長に質問しました。

> まこと：「あの，質問だけど，あのランキングはどうやって決めたの？」
> 委員長：「全校生徒から100人を選んで，アンケートしたのよ。」
> まこと：「ランキングにあまりに偏りがあると思う。だって1位から4位まですべてシャニーズ事務所所属のアーティストなんて変じゃないか！」
> 委員長：「全校生徒からアンケートをとるのは大変だから，一部から全体を推定する手法をとったのよ。数学の授業でやったし，文句ないでしょ！」
> まこと：「そういえば，君（＝委員長）はシャニーズ事務所のアイドルグループの大ファンだったよね。なんか意味があるんじゃないか？」
> 委員長：「そんなの関係ないわ！　たまたまそうなっただけよ，ふんっ。」

（1）この会話文から標本調査のしかたを批判的に見ると，広報委員長は100人の選び方に偏りがあると予想されます。どのように選んだと考えられるか，説明しなさい。
（2）まことさんやその周辺の友達から不平・不満が出ないように，広報委員長が100人を偏りなく選ぶためには，どのようにして選ぶべきだったでしょうか。その方法を具体的に説明しなさい。

**問14**　養殖所の池にいる鯉（こい）の総数を調べるために，50匹捕まえて印を付けて，池に戻しました。数日後に210匹の鯉を捕まえて調べたところ，そのうちの28匹に印が付いていました。このとき，次の問いに答えなさい。（2点）
（1）池に鯉は約何匹いると推定できるか，求めなさい。
（2）最初に印を付けた50匹を池に戻した後，なぜすぐに捕まえずに数日後に捕まえたのか，説明しなさい。

| | | |
|---|---|---|
| 問13 | (1) | シャニーズのファンが多そうな女子ばかり選んだ |
| | (2) | 男女同じ数ずつ，それぞれくじなどで無作為に抽出する |
| 問14 | (1) 約375匹 | (2) 捕まえた鯉と他の鯉が交ざるようにするため |

図2　「思考力・判断力・表現力等」についての評価問題とその解答例

## 3 単元設計のコンセプト

### 小単元の問い：一部のデータから全体の傾向を読み取るにはどうすればよいか？

| 問い［教材］ | 知識・技能 | 思考力・判断力・表現力等 |
|---|---|---|
| すべてのデータが収集できないとき，一部のデータを収集するためのよい方法はないだろうか？［東京オリンピックの国内支持率］ | 標本調査と全数調査の必要性と意味<br>目的に応じた標本の多様な抽出方法<br>無作為抽出の必要性と意味 | 母集団を決めて，目的に応じた標本の抽出方法やその利点・欠点を検討すること |

### 小単元の問い：無作為抽出による標本調査をする際の留意点は何か？

| 問い［教材］ | 知識・技能 | 思考力・判断力・表現力等 |
|---|---|---|
| 無作為抽出では母集団の傾向をどの程度正確に読み取ることができるか？［カラーボールの実験］<br>無作為に抽出する標本の大きさを変えると，標本平均の分布のばらつきの程度は変わるか？［標本の大きさと標本平均のばらつき］ | 無作為に標本を抽出する手法（乱数表，乱数さい，統計ソフトなどの擬似乱数）<br>無作為に抽出する標本の大きさが大きい方が母集団の傾向を推定しやすくなること | 無作為抽出による標本調査とそれ以外の標本調査とを比較して検討し表現すること<br>標本の大きさを変えて標本を抽出し，母集団の傾向のばらつきを比較し，見いだした法則を表現すること |

### 小単元の問い：無作為抽出による標本調査はどのような場面でどう活用できるのか？

| 問い［教材］ | 知識・技能 | 思考力・判断力・表現力等 |
|---|---|---|
| 母集団の大きさを求めるよい方法はないか？［鹿の個体数］<br>身の回りにはどんな標本調査があるか？［レポート作成］ | 無作為抽出による標本調査を活用して問題解決する方法 | 標本調査を活用して母集団の大きさを推定すること<br>他者が行った標本調査の方法や結果を批判的に考察し判断すること |

1年

2年

3年

標本調査

155

## 授業1（第5時）

# 標本の大きさと標本平均のばらつき

## 1 問題

無作為に抽出する標本の大きさを変えると，標本平均の分布のばらつきの程度は変わるだろうか？

## 2 活動の流れ

本時は，無作為に抽出する標本の大きさが大きい方が母集団の傾向を推定しやすくなることを経験的に理解することを目標としている。そのために，標本平均のばらつきに着目し，無作為に抽出する標本の大きさを変えて標本調査を50回行い，標本平均や母集団平均を比較する。

本時では，過去に生徒が実験「Ruler Catch」（本書 p.72を参照）で収集したデータ（254名分）を再利用して母集団とする。単元の問いは現実の世界に向けたものが中心となるが，本時では標本調査の理解を深めるために，数学の世界における問いの解決を目指す。

生徒には1〜2人に1台のパソコンを用意し，Excel ファイルを配付する。このファイルには，母集団の実験データを入力しておくとともに，母集団から擬似乱数を使って無作為抽出を行うことができるように，INDEX 関数と RANDBETWEEN 関数を組み合わせた図3の関数式「= INDEX（\$A\$5：\$A\$258,RANDBETWEEN（1,254））」などを使って事前に設定しておく。

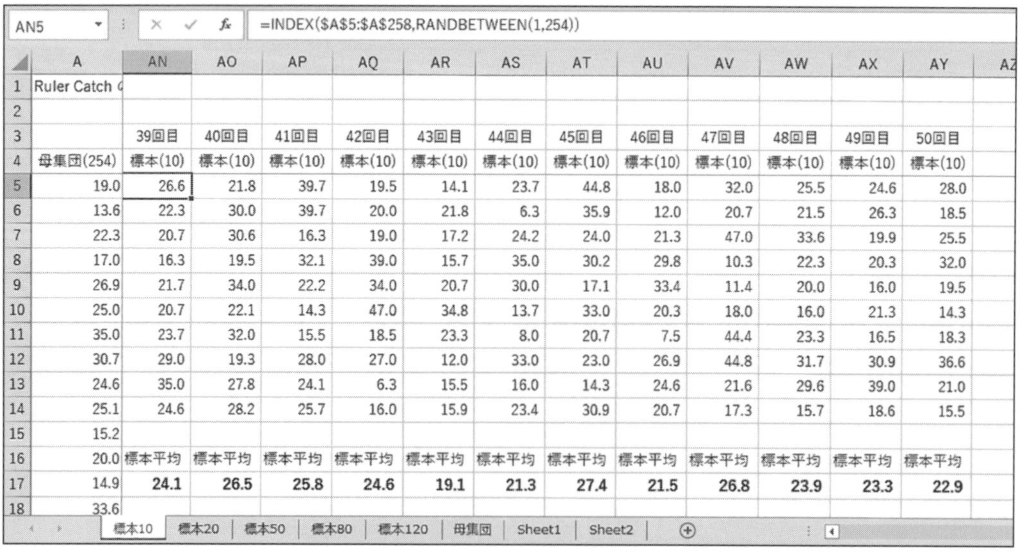

| | A | AN | AO | AP | AQ | AR | AS | AT | AU | AV | AW | AX | AY | AZ |
|---|---|---|---|---|---|---|---|---|---|---|---|---|---|---|
| | | | | | | =INDEX(\$A\$5:\$A\$258,RANDBETWEEN(1,254)) | | | | | | | | |
| 1 | Ruler Catch | | | | | | | | | | | | | |
| 2 | | | | | | | | | | | | | | |
| 3 | | 39回目 | 40回目 | 41回目 | 42回目 | 43回目 | 44回目 | 45回目 | 46回目 | 47回目 | 48回目 | 49回目 | 50回目 | |
| 4 | 母集団(254) | 標本(10) | 標本(10) | 標本(10) | 標本(10) | 標本(10) | 標本(10) | 標本(10) | 標本(10) | 標本(10) | 標本(10) | 標本(10) | 標本(10) | |
| 5 | 19.0 | 26.6 | 21.8 | 39.7 | 19.5 | 14.1 | 23.7 | 44.8 | 18.0 | 32.0 | 25.5 | 24.6 | 28.0 | |
| 6 | 13.6 | 22.3 | 30.0 | 39.7 | 20.0 | 21.8 | 6.3 | 35.9 | 12.0 | 20.7 | 21.5 | 26.3 | 18.5 | |
| 7 | 22.3 | 20.7 | 30.6 | 16.3 | 19.0 | 17.2 | 24.2 | 24.0 | 21.3 | 47.0 | 33.6 | 19.9 | 25.5 | |
| 8 | 17.0 | 16.3 | 19.5 | 32.1 | 39.0 | 15.7 | 35.0 | 30.2 | 29.8 | 10.3 | 22.3 | 20.3 | 32.0 | |
| 9 | 26.9 | 21.7 | 34.0 | 22.2 | 34.0 | 20.7 | 30.0 | 17.1 | 33.4 | 11.4 | 20.0 | 16.0 | 19.5 | |
| 10 | 25.0 | 20.7 | 22.1 | 14.3 | 47.0 | 34.8 | 13.7 | 33.0 | 20.3 | 18.0 | 16.0 | 21.3 | 14.3 | |
| 11 | 35.0 | 23.7 | 32.0 | 15.5 | 18.5 | 23.3 | 8.0 | 20.7 | 7.5 | 44.4 | 23.3 | 16.5 | 18.3 | |
| 12 | 30.7 | 29.0 | 19.3 | 28.0 | 27.0 | 12.0 | 33.0 | 23.0 | 26.9 | 44.8 | 31.7 | 30.9 | 36.6 | |
| 13 | 24.6 | 35.0 | 27.8 | 24.1 | 6.3 | 15.5 | 16.0 | 14.3 | 24.6 | 21.6 | 29.6 | 39.0 | 21.0 | |
| 14 | 25.1 | 24.6 | 28.2 | 25.7 | 16.0 | 15.9 | 23.4 | 30.9 | 20.7 | 17.3 | 15.7 | 18.6 | 15.5 | |
| 15 | 15.2 | | | | | | | | | | | | | |
| 16 | 20.0 | 標本平均 | 標本平均 | 標本平均 | 標本平均 | 標本平均 | 標本平均 | 標本平均 | 標本平均 | 標本平均 | 標本平均 | 標本平均 | 標本平均 | |
| 17 | 14.9 | 24.1 | 26.5 | 25.8 | 24.6 | 19.1 | 21.3 | 27.4 | 21.5 | 26.8 | 23.9 | 23.3 | 22.9 | |
| 18 | 33.6 | | | | | | | | | | | | | |

標本10 | 標本20 | 標本50 | 標本80 | 標本120 | 母集団 | Sheet1 | Sheet2

図3　擬似乱数により無作為抽出した標本から標本平均のデータを50個集めた PC 画面

そのうえで，標本の大きさを10，20，50，…などと大きくして無作為に標本を50回抽出し，それぞれの標本平均を求めてデータとする。これらのデータを統計ソフトstatbox（柗元新一郎氏の研究グループが開発したフリーソフト）に入力して（図4），範囲や四分位範囲がどのように変化するかを観察し，法則を見いだす（図5）。

本単元の学習を通して，母集団の傾向を適切に推定するために必要な標本

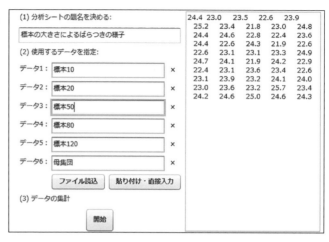

図4　標本平均のデータを入力するPC画面

の大きさに問いを抱きやすい。この問いに厳密に答えることは中学校ではできない。しかし，中心極限定理に関する表計算ソフトによる実験の結果を観察し，経験的に理解した大数の法則と関連づけて，母集団の傾向の推定についての理解を深めたい。

## 3 指導と評価のポイント

図5の画面を見て，きれいに法則が見えることに驚きを抱くためには，生徒が実際にパソコンを操作する活動に主体的にかかわることが必要である。しかし，パソコンの作業にあまり時間をかけすぎてしまうと，生徒の関心が持続しにくい。そこで，教師側でExcelシートを工夫したり，グループで作業を分担したり，教師が一部演示したりするなどして生徒の負担を軽減し，法則を直観的に予想したり，帰納的に見いだしたり，専門用語を用いて言語化したりすることに重点を置きたい。

なお，箱ひげ図はExcel2016以降で表示できるようになったが，四分位数の求め方が教科書などと同じであるかどうかに注意が必要である。

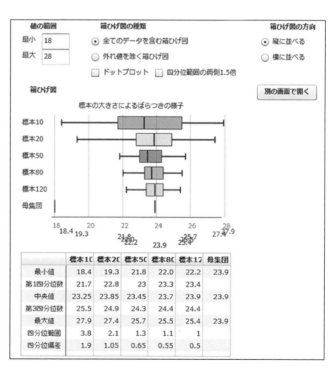

図5　箱ひげ図や四分位範囲などを比較するPC画面

## 授業2（第8時）
# 鹿の個体数

### 1 問題

> ある山に住む鹿の個体数を知るにはどうすればよいだろうか？

### 2 活動の流れ

本時は，無作為抽出による標本調査をもとに，母集団の大きさを推定する方法や根拠を説明することを目標としている。

授業では，教科書にも取り上げられている「標識再捕獲法」（標識再捕法）を取り上げる。「標識再捕獲法」とは，ある地域に住む動物を一定数捕獲し，目印をつけて放した後に一定期間を空けてから，一定数を再度捕獲して，母集団と標本それぞれにおける印つき・印なしの個体数の比率から，全個体数（母集団の大きさ）を推定する生態学の方法である。本時では，百円均一店などで購入できる61個のカラーボール（図6）を山に住む鹿と見

**図6　カラーボール**

立て，実際に無作為抽出の実験を行い，山に住む鹿の個体数を推測する。印としてシールをボールにつけることとする。

授業では，上記の問題を提示した後で，手順を，

- 手順①　30頭（30個のボール）を捕まえて，印（シール）をつけて，放す。
- 手順②　一定期間をおき（よくかき混ぜ），再び30頭捕まえる（30個のボールを取る）。
- 手順③　印つきの鹿（シールつきのボール）と印なしの鹿（シールなしのボール）の個数をそれぞれ数える。

まで説明し，その後はどうすればよいかを考えさせる。例えば，手順③の結果で印つきの鹿が14頭，印なしの鹿が16頭であったとする。山に住む鹿の個体数を $x$ 頭とすると，母集団比率が標本比率に等しいとみなして比例式 $30:(x-30)=14:16$ を立て，これを解き，$x=64.28\cdots$ より個体数64頭と推定できる。何度か行い平均をとるなどすれば，推定の精度が上げられる。

### 3 指導と評価のポイント

本時で行う実験を"単なる実験"として捉えるのではなく，生徒がカラーボールを鹿と見立

て，目的意識を持続させながら取り組めるようにすることが大切である。指導においては，導入で問題を提示し，標識再捕獲法について概説した後で『**実際に山でやってみることはできないので，カラーボールを鹿に見立てて実験しましょう**』などと理由づけをするとよい。また，手順①の後，シールのついたボールが袋の上層に偏って集まっている状態で，『**では，一定期間おきましょう**』と沈黙して5秒ほど間を取り，近くの生徒にボールを取らせようと袋を差し出す演技を意図的にすると，「鹿が混じっていません」などという発言が期待できる。

グループ活動では，全員がその考えを納得し説明できることが目標で，わからないままにしないで質問し合うことを生徒に要求したい。教師は極力関与しないようにするが，活動の見通しが立たないグループには，前時のノートを開かせ，標本比率と母集団比率について振り返らせる。進んだグループには，『**なぜ2つの比を等号で結んでよいのだろうか？**』と問い

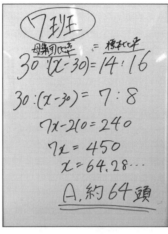

図7　生徒の記述　　　図8　生徒の記述

かけ，標本比率と母集団比率が等しいことを正当化する理由の自覚化を促した。その結果，3班は「一定期間おいて調査し，無作為抽出したといえるのでイコールで結ぶことができる」と加筆した（図8）。これは，母集団比率が標本比率に等しいとみなしてよい根拠といえる。全体で共有したい。

最後には，PPDACの新たな問題発見や批判的思考を意図して『**もっと推定の精度を高くするには，どう工夫すればよいか？**』と問いかける。生徒からは「何度もやって平均を求める」「30匹よりも多い個体数を捕まえて印をつける」「母集団がもっと多いときにこの方法を使う」などの考えが期待できる。

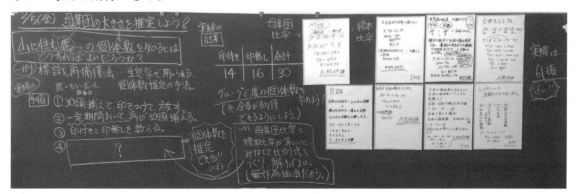

図9　本時の板書

**【著者紹介】**

藤原　大樹（ふじわら　だいき）
お茶の水女子大学附属中学校

横浜市立老松中学校，横浜市立東鴨居中学校，横浜国立大学教育人間科学部附属横浜中学校，横浜市立神奈川中学校を経て現職。

国立教育政策研究所「「評価規準，評価方法等の工夫改善に関する調査研究」協力者会議（中学校数学）」協力者（2010〜2011年），国立教育政策研究所「学習指導要領実施状況調査問題作成委員会（中学校数学）」委員（2012〜2014年），文部科学省「学習指導要領等の改善に係る検討に必要な専門的作業等（中学校数学）」協力者（2016〜2017年）

第8回統計教育賞（日本統計学会主催　2012年），
第31回東書教育賞（東京書籍主催）優秀賞（共同研究　2015年），
全国大会優秀研究賞（日本数学教育学会主催　2015年），
第8回《数学・授業の達人》大賞（東京理科大学数学教育研究所主催）最優秀賞（2015年）

『数学的活動の再考』学校図書（2016）（共著）
『「データの活用」の授業―小中高の体系的指導で育てる統計的問題解決力―』東洋館出版社（2018）（分担執筆），
『中学校数学科　統計指導を極める』明治図書（2013）（分担執筆），
『観点別学習状況の評価規準と判定基準　中学校数学』図書文化（2011）（分担執筆）

ほか

中学校数学サポートBOOKS
「単元を貫く数学的活動」でつくる
中学校数学の新授業プラン

2018年9月初版第1刷刊　Ⓒ著　者　藤　原　大　樹
　　　　　　　　　　　　　発行者　藤　原　光　政
　　　　　　　　　　　　　発行所　明治図書出版株式会社
　　　　　　　　　　　　　　　　　http://www.meijitosho.co.jp
　　　　　　　　　　　　　　　　　（企画・校正）赤木恭平
　　　　　　　　　　〒114-0023　東京都北区滝野川7-46-1
　　　　　　　　　　振替00160-5-151318　電話03(5907)6702
　　　　　　　　　　　　　　　　ご注文窓口　電話03(5907)6668

＊検印省略　　　　　　　　　　組版所　広研印刷株式会社

本書の無断コピーは，著作権・出版権にふれます。ご注意ください。

Printed in Japan　　　　　　　　ISBN978-4-18-205725-0
もれなくクーポンがもらえる！読者アンケートはこちらから →